ESSAI

SUR

L'ÉTUDE DE L'HISTOIRE,

EN FRANCE, AU XIX⁰ SIÈCLE.

PARIS. — TYPOGRAPHIE ÉVERAT,
rue du Cadran, n° 16.

ESSAI

SUR

L'ÉTUDE DE L'HISTOIRE,

EN FRANCE,

AU DIX-NEUVIÈME SIÈCLE,

PAR

Antoine De Latour,

ANCIEN ÉLÈVE DE L'ÉCOLE NORMALE

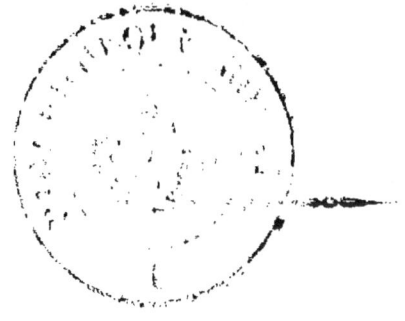

PARIS.
JOUBERT, LIBRAIRE-ÉDITEUR,
RUE DES GRÈS, Nº 14.
1835.

Les fraîches rêveries du jeune âge, les joies pures de la famille, les nobles émotions de la vie littéraire ont conduit l'auteur de ce livre à la poésie; ses études les plus diverses aboutissent maintenant à l'histoire; histoire et poésie, il voudrait voir, un jour, se résumer dans ces deux mots les loisirs de sa vie entière.

Il n'oserait nommer œuvre historique ce

qu'il imprime aujourd'hui. C'est tout simplement un hommage sincère qu'il vient rendre aux travaux de ses contemporains, et une conclusion qu'il en tire. Avant d'aborder une science si grave, il a cru devoir se demander un compte sévère de son point de départ et de son but, et chercher avec sympathie la trace des maîtres dans la route où il se propose de marcher.

Et puis, il faut le dire aussi, comment résister au désir de saluer publiquement une fois nos belles années de l'école normale? Ces années de veilles ignorées et de silencieux efforts, qui nous les rendra?

Ce livre a été, en partie, composé sous l'inspiration de ces chères années, et l'auteur le publie en mémoire d'elles.

Nous offrons cet essai à nos maîtres, à

ceux dont les encouragemens ne nous ont jamais manqué sur les bancs de l'école, comme à ceux dont la patiente amitié nous avait conduit jusqu'au seuil, et nous a suivi au-delà. Nous l'offrons aux uns et aux autres comme un humble témoignage de notre pieuse reconnaissance.

Il s'adresse également à nos condisciples, à tous ceux qui ont assisté, avec nous et depuis nous, à ces précieuses leçons. Dispersés maintenant, ils sont allés enseigner à de plus jeunes ce que bien jeunes alors nous apprenions ensemble. Depuis le jour qui, avant de nous séparer, nous réunit dans une dernière lutte, combien de nous n'ont pu se revoir, et s'exciter mutuellement à accomplir avec dignité cette mission pénible de leur vie! Combien suivent encore, solitaires et haletans, ces voies austères de la science enseignée! Puisse ce livre leur porter de nos communes études un souvenir qui leur soit doux, et nous rendre à tous, un moment du moins, par une douce illusion du cœur, les heures fraternelles d'autrefois!

1er décembre 1834.

ESSAI

SUR

L'ÉTUDE DE L'HISTOIRE.

I.

DU MOUVEMENT HISTORIQUE DE L'ÉPOQUE.

A voir l'essor irrésistible qui emporte dans une même voie tout ce qu'une époque a d'intelligences d'élite, on serait tenté de croire que, par une sorte d'inspiration providentielle, les générations, comme les individus, obéissent au principe fécond de la division du travail. Cette méthode, populaire aujourd'hui dans la science, qui marque à chacun sa tâche isolée dans l'œuvre universelle, ne serait-elle pas aussi la méthode de l'humanité tout entière? Il semble que Dieu ait fait la part des siècles, au berceau de chacun d'eux : à toi les lèvres d'or de la poésie, tu chanteras; à toi la philosophie, analyse et disserte; à toi les secrets du monde visible, décompose et observe : je te donne le droit de détruire pour savoir comment j'ai créé.

Ainsi procède l'humanité, ainsi les nations particulières, ces images complètes, mais fugitives, de l'humanité. Nous le disons de toutes, nous essaierons de le prouver pour la France. En France, au dix-septième siècle, la poésie a été l'œuvre la plus éclatante; au dix-huitième, la philosophie; au dix-neuvième, ce sera l'histoire.

Est-ce à dire que parmi tant de beaux génies, le siècle de Louis XIV n'a pas eu ses historiens et ses philosophes? A Dieu ne plaise! Ce serait d'un trait de plume effacer du grand siècle le nom de Malebranche et celui de Bossuet. Au dix-huitième siècle n'ont manqué ni l'histoire, ni la poésie; il eut Voltaire et André Chénier. Prétendons-nous contester à notre âge l'éclat de ses inspirations lyriques et la profondeur de ses investigations philosophiques? Non certes; il serait d'ailleurs trop facile de nous répondre avec de grands noms. Nous voulons dire seulement que l'histoire sera l'œuvre spéciale de ce temps-ci, comme au dix-septième siècle régna la poésie, la philosophie au dix-huitième.

Jetons les yeux autour de nous; toute pensée contemplative est préoccupée des vieux âges de l'humanité. Ceux même à qui le problème contemporain ne laisse ni assez de calme dans l'âme, ni dans l'esprit assez de sérénité pour les veilles désintéressées, arrivent à la politique par l'histoire, et commencent dans le passé la conquête de l'avenir.

Quel magnifique spectacle! Chacun veut mettre la main au travail intellectuel du siècle. Les plus hardis abordent l'humanité en face, et essaient d'embrasser sa grande image dans sa majestueuse unité. D'autres, plus humbles ou meilleurs logiciens peut-être, la prennent à l'une de ses époques décisives, pour l'y étudier plus profondément, ou la personnifient dans un seul peuple, pour saisir avec plus de précision l'ensemble de ses mouvemens et la loi de ses transformations. D'autres sont plus humbles encore; ne se sentant pas cette ferme inspiration qui s'empare de confuses traditions, et en fait, à l'aide de la science et de la critique, une vivante réalité, ils se dévouent à répandre ces vastes recueils où les âges écoulés ont laissé empreinte leur naïve physionomie, et ont jeté pêle-mêle, avec ce qui doit vivre d'eux, ce qui ne doit pas leur survivre.

Reconnaissons ici la part d'initiative qui revient à l'Université et à ses savans maîtres, dans cet immense élan des intelligences. Avant ces dernières années, les enfans, dans nos écoles, apprenaient à peine de l'histoire, ce que, chemin faisant, les langues anciennes leur en enseignaient. Mais cette étude philosophique des langues, si féconde, depuis Vico, en révélations historiques, que pouvait-elle apporter à des esprits en qui rien encore n'avait développé le sens analytique? D'ailleurs, il est inévitable que cette étude demeure stérile, si elle n'a pour base la connaissance des faits; or cette connaissance manquait. On n'abordait l'histoire que d'une manière indirecte, ou à la dérobée, et comme par le hasard de lectures furtives. Elle vient aujourd'hui, d'elle-même, chercher l'enfance, et jette sur ses paisibles études un singulier charme de nouveauté. Elle ouvre dans les esprits les plus paresseux d'attrayantes perspectives, et déjà, pour quelques-uns plus précoces, elle élève naturellement l'étude des langues à la hauteur d'une philosophie de l'humanité.

Il faut se souvenir avec quel étonnement naïf les jeunes gens assistaient aux premières leçons de nos facultés. C'était un horizon nouveau qui éblouissait leur intelligence. Leur ignorance des faits les livrait avides, et désarmés par leur avidité même, à toutes les séductions de la parole. Disons hardiment que cela n'est plus. Aujourd'hui, c'est tout simplement une étude commencée qu'ils continuent. Enfans, ils ont assisté au drame de l'histoire; ils en ont appris le mouvement et l'action; leur mémoire s'est familiarisée avec les grands faits, les grands noms, les grandes dates. Jeunes gens, ils peuvent, sans danger, dans le fait étudier l'idée qu'il recèle. Ils n'ont plus rien à redouter d'une généralisation prématurée. L'ignorant seul s'y précipite à l'aveugle, et s'y repose avec confiance.

Un autre symptôme de cette tendance des esprits dont je parlais en commençant, c'est la physionomie nouvelle de la littérature contemporaine. Ainsi va l'esprit humain; lorsqu'il fait dans une époque triompher, par les œuvres du génie, telle ou telle de ses facultés, celle-là qui prend l'empire n'étouffe pas les autres, mais leur imprime son propre mouvement, et se réfléchit encore dans leurs inspirations les plus spontanées. C'est ainsi que toute la littérature actuelle relève de l'histoire. Que souvent elle avilisse et déshonore l'histoire, oh! cela je ne le nie pas. Voilà seulement un fait que je constate. Le drame a-t-il laissé quelque chose à remuer dans le passé? Il n'est pas jusqu'aux compositions les plus frivoles, qui ne cherchent à se faire pardonner leur frivolité, en empruntant à l'histoire quelque grand nom dont elles se parent comme d'un manteau. Quelle pitié pour les jours où nous vivons, si *Ivanhoë* et *Notre-Dame de Paris* n'avaient absous d'avance, en la couvrant de leur éclat, cette misérable postérité du roman historique!

Descendons de l'art qui crée à la science qui résume ses principes et les explique. Cette pensée déjà vieille à force d'évidence, que la littérature est l'expression de la société, a donné, depuis vingt ans, l'histoire pour base à la critique. C'est l'histoire qui se charge de nous commenter la loi littéraire des âges, et leurs créations les plus diverses. Toute classification de genre est venu se perdre dans l'unité d'une explication plus profonde. La méthode historique (historique, disons-nous, et non pas chronologique,) a décidément prévalu sur l'ordre purement logique, et seule aujourd'hui elle défend encore la société intellectuelle contre la complaisante doctrine des génies individuels.

La philosophie semble sortir directement des entrailles de l'esprit humain, et ne toucher au monde des faits extérieurs, que par ses dédaigneux jugemens; regardez cependant! la philosophie qui se dit fille du dix-neuvième siècle, en écartant tout système exclusif, en un mot, lorsqu'elle s'est faite éclectique, et qu'elle a tout haut pris ce titre, a-t-elle fait autre chose que donner à ses enseignemens dogmatiques une base historique? Toute sa doctrine nouvelle repose sur le passé;

elle le retourne de toutes les façons, et n'aspire à d'autre gloire qu'à celle de le constituer; laissons-lui l'honneur de l'avoir tenté avec talent.

Oubliez la science dans sa pieuse et sereine solitude, et tournez les yeux vers la société. Là-bas on médite, et l'on démontre le mouvement; ici l'on marche et on agit, et ce que l'on fait, c'est de l'histoire. C'est là, en effet, une œuvre éminemment historique, que ce musée qui s'élève dans Versailles, et qui va consoler la cité veuve des magnificences du grand siècle. La vieille nation et la vieille monarchie se verront là face à face. Lorsqu'au dix-neuvième siècle un Roi touche à l'histoire, c'est avec cette grandeur qu'il le doit faire.

Cette pensée royale qui crée Versailles une seconde fois, a bien compris l'instinct de notre âge. Songe-t-elle à nous présenter seulement des sacres et des batailles, chose vulgaire aujourd'hui? Non, avec ces sacres et ces batailles, nous allons voir, dans toute leur naïveté, les traits des hommes célèbres du pays. Une galerie de portraits historiques est une création digne de ce temps-ci. Avec l'idée, populaire enfin, qu'une époque se résume dans ses grands hommes, rois, poëtes, guerriers, législateurs ou philosophes, le portrait s'est élevé, dans l'art, de l'intérêt vulgaire de la biographie au puissant intérêt de l'histoire générale.

C'est peu encore; l'Institut mutilé a reconquis ses historiens et ses moralistes, autres historiens de l'humanité. Une école de jeunes esprits a reçu mission de remuer cette vieille terre de France, et de raconter à chaque province ses obscures et lointaines origines. D'autres vont disputer aux mains avides qui achèvent de les dépouiller les ruines augustes de nos monumens, et les voilà parcourant la France pour relever de la main le créneau qui tombe, ou pour conserver, en la reproduisant dans le plâtre ou dans le marbre, la pierre que les vents vont emporter.

D'où vient donc à notre âge cette austère préoccupation ? C'est demander pourquoi l'ère précédente fut de préférence philosophique, pourquoi le dix-septième siècle fut avant tout poétique, triple question qu'il faut essayer de résoudre en peu de mots.

Lorsque s'ouvrit le dix-septième siècle, les idées du seizième avaient déjà puissamment remué les ames en Europe; pas assez en France, toutefois, pour que la société, impatiente de se constituer sur des bases nouvelles, reniât tout à coup ses traditions antiques. Mais elle eût bien vite cheminé dans les voies de la réforme, si le génie de Louis XIV n'était venu jeter dans toutes les pensées la distraction de sa gloire.

Beaucoup déjà étaient fatigués du spectacle de tant de luttes; ils éprouvaient un besoin immense de recueillement et de paix intérieure. La fronde augmenta cette soif irrésistible de repos; car les petites agitations fatiguent presque autant que les grandes les générations qui en souffrent. L'œuvre de Louis XIV fut par-là rendue plus facile. Louis XIV fut en ceci semblable à Charlemagne, que, par sa grandeur personnelle, il dompta un moment l'esprit humain, et força toutes les idées à vivre en paix les unes avec les autres, comme son devancier avait violemment rapproché les peuples. Mais, comme lui encore, il ne vit pas que ce qu'il faisait n'était qu'une halte, et non un établissement, une trêve et non une réconciliation, un jour de fête entre deux tempêtes ; le nuage était là-bas qui venait.

Qu'importe? on jouissait de ce repos des intelligences qui s'épanouissaient avec orgueil dans la joie de chaque victoire. L'âme éprouvait naturellement le besoin de se répandre, et comme nulle part elle ne s'épanche plus à l'aise que dans la poésie, la poésie fut l'autre royauté de cette époque, et avec la poésie régnèrent tous les arts qui lui font cortége. La prose aussi fut grande alors ; mais la poésie domina de plus haut les belles années du règne de Louis XIV. Il y a plus; le siècle qui comprit si bien Corneille et Molière, Racine et Boileau, n'admira guère du Télémaque que ses témérités politiques, goûta médiocrement La Bruyère, et s'arrêta gravement à comparer Bossuet et Fléchier.

Les peuples se lassent de tout, même de la gloire. Les malheurs de Louis XIV trouvèrent la nation désenchantée à demi. Allez dire aux grands poètes, s'il en reste quelqu'un d'égaré dans les sombres avenues de Versailles, qu'ils se hâtent de mourir, car déjà un autre esprit commence à souffler sur la France. Au bruit des batailles perdues, la libre pensée du seizième siècle s'est réveillée, et les protestans fugitifs l'ont semée sur tous les chemins de leur exil.

Les dernières années de Louis XIV préparèrent la réaction de la régence, et je ne sais en vérité s'il faut attribuer le scepticisme qui se fit jour alors de tous côtés au spectacle des mauvaises mœurs de la régence, plutôt qu'au souvenir des dernières années de Louis XIV. Quoi qu'il en soit, lorsque tout pouvoir dans la société eut perdu le respect des peuples, on se souvint sans effort, qu'un siècle auparavant, la logique avait une première fois déjà ébranlé ces vieilles bases de la société. Le dix-huitième siècle se renoua au seizième, la lutte reprit, mais sous une forme plus générale. La langue fut changée; de théologique qu'elle était, elle devint philosophique. Mais les armes, pour être plus courtoises, ne furent que plus dangereuses. On se hâta, en politique, et souvent même en religion, de placer hors de la discussion les dogmes établis. On proclama comme deux vérités, l'une de spéculation et de théorie, l'autre de pratique et de réalité. On s'inclina hypocritement devant celle-ci, mais on eut soin d'asseoir l'autre sur des bases inexpugnables. Cette dernière grandit vite, et lorsqu'on la sentit assez forte, on l'opposa ouvertement aux institutions antiques qui tout à coup tombèrent d'elles-mêmes, parce que nul ne les ayant attaquées de face, personne non plus n'avait pris la peine de les défendre. Quand les apologistes se levèrent, il était trop tard, la bataille était perdue pour eux. Ils crurent que le combat commençait à peine; il y avait un demi siècle qu'il durait.

Telle fut l'époque philosophique; elle posa les prémisses, la révolution tira les conséquences; car, en ce monde, ce que les idées commencent, les faits l'achèvent; ce que la logique a révélé aux esprits supérieurs, l'histoire le commente pour le vulgaire. Les grands événemens sont la logique des masses.

Maintenant les idées sont éparses dans le monde; plusieurs déjà ont porté leurs fruits; les autres, plus tardives, donneront les leurs, et déjà peut-être est né l'âge qui aura mission de réconcilier toutes les idées dans une religieuse unité.

Après les grands événemens, a-t-on dit, viennent les génies poétiques; ajoutons que si ces grands événemens sont décisifs pour le sort de l'humanité, c'est aussi le tour des historiens. Le chroniqueur se borne d'abord à raconter naïvement ce qu'il a vu lui-même, ou ce qu'il a entendu raconter à d'autres. Mais à mesure qu'une civilisation se développe, la chronique devient intelligente ; elle soupçonne dans les destinées d'un peuple un passé et un avenir ; et s'il arrive une époque qui se détache comme un point lumineux entre ces deux faces obscures de la vie d'une nation, une de ces époques qui, de loin en loin, marquent profondément les révolutions de l'humanité, alors naissent des historiens qui, du haut de cette époque, racontent les âges qu'elle vient de clore, ou résument les questions désormais résolues par cette grande solution de tout le passé. Ainsi, quand les guerres médiques ont donné à la Grèce conscience d'elle-même, il est tout simple qu'un historien vienne lui raconter tout ce qu'elle a fait avant ces grandes choses de Salamine et de Marathon. Ce n'est pas seulement un poète que Marathon et Salamine vont donner à la Grèce, c'est aussi un historien. La gloire de ce dernier est même cette fois plus universelle : Eschyle triomphe à Athènes, Hérodote aux jeux Olympiques. La guerre du Péloponèse a-t-elle marqué dans la civilisation grecque une phase nouvelle, Thucydide est là pour continuer l'œuvre d'Hérodote. Seulement le talent du continuateur aura subi lui-même la métamorphose de la civilisation qu'il raconte : dans Hérodote le récit était homérique, il sera politique dans Thucydide.

Ce que nous disons de la Grèce, Rome au besoin pourrait le confirmer. Lorsque les guerres civiles de Marius et de Sylla ont révélé à Rome les grandes ambitions qui tôt ou tard l'envahiront, lorsque la république achève son œuvre, laissant après elle je ne sais quel pouvoir nouveau qu'on ne nomme pas encore, mais que l'on voit venir; c'est alors que Salluste, avant de se tourner vers l'avenir qu'il semble comprendre, décrit éloquemment, dans son histoire du septième siècle, l'agonie de la république. Plus tard, c'est quand Auguste est venu commencer cet avenir entrevu par Salluste, et que la république est si bien morte, que nul ne se baisse pour ramasser le poignard de Caton, c'est alors que Tite-Live, *le Pompéien*, raconte avec une complaisance qui n'a plus rien d'héroïque, les grands siècles de la liberté romaine.

Notre âge est une de ces époques privilégiées, pour lesquelles l'histoire semble se dessiner à plaisir dans ses contours les plus arrêtés. Le siècle dernier vivait trop avant dans la lutte pour la comprendre. Il interrogeait le passé avec colère, il le racontait avec amertume. Ce passé, d'autre part, pesait sur le dix-septième siècle de tout le poids de l'unité religieuse que lui imposait Bossuet. Si, d'un côté, on le jugeait d'un point de vue trop humain, de l'autre, on ne s'en détachait pas assez pour en embrasser l'ensemble. C'est à nous seulement que, sans rien perdre de sa grandeur, le spectacle se laisse voir sous son jour véritable. Hier, comme aujourd'hui, le monument était complet. Que lui fallait-il donc pour qu'il fût compris et jugé avec intelligence? Qu'un coup de vent le couchât sur le sable. Hier il était debout.

Ce siècle est né entre une ère de civilisation accomplie et une époque animée d'un esprit nouveau. Voilà pourquoi l'histoire a toutes les sympathies de ce siècle.

Ajoutons que les formes du gouvernement représentatif, en aidant l'historien à retrouver par analogie les traces d'un peuple jusque sous le masque muet des institutions les plus despotiques, ont donné à l'histoire un attrait merveilleux de grandeur et de nouveauté. L'histoire, a-t-on dit souvent, étudie le présent dans le passé ; aujourd'hui, c'est aussi le passé qu'elle étudie dans le présent.

Il est rare qu'un aiguillon aussi vif se fasse sentir à tous les esprits, sans animer la science à des travaux éclatans. Aussi nulle époque n'a plus profondément que la nôtre remué le passé. Arrêtons-nous aux recherches qui ont eu la France pour objet. Qui racontera dignement les divers âges de la France, question grave à laquelle nul encore semble n'avoir répondu ? Mais si aucun ne s'est senti le regard assez ferme pour embrasser tout entière cette puissante biographie de peuple, beaucoup du moins ont répandu la lumière sur les phases isolées de cette immense destinée.

Prenez la France d'aussi haut, d'aussi loin qu'il vous plaira. Plusieurs ont surpris le secret de ses origines. Placé au point de vue de Bossuet, mais en face d'un horizon qu'il laisse fuir de toute la vitesse d'une science qui le recule en l'éclairant, M. de Chateaubriand a raconté comment, dans la dissolution du monde antique, la Providence préparait à la civilisation moderne une voie lumineuse. En possession de ces idées qui président, invisibles et supérieures, aux événemens de ce monde, vous avez hâte de voir accourir du Nord les races d'hommes qui marchaient aveuglément à l'accomplissement de ces idées; un écrivain les a retrouvées, ces races étranges, sous l'uniforme récit des chroniques latines. Quelques pages de l'*Histoire de la conquête de l'Angleterre* et les *Lettres sur l'histoire de France*, ont donné à la science moderne l'intelligence de la vie barbare. Quelque chose d'émouvant et de triste s'attachera désormais pour l'âme à la lecture de ces beaux livres. L'histoire, pour parler la langue de M. de Chateaubriand, l'histoire a son Homère. Oh! c'est là une des grandes infortunes de notre âge. Que de fois, en parcourant ces pages éloquentes, je me suis demandé, saisi de douleur, si cette France, qu'il a racontée et qu'il raconte encore avec tant de charme et de vérité, l'historien ne la verrait plus! Quoi! cette Angleterre, vers laquelle il a poussé d'un souffle si poétique la grande flotte de la conquête, ses yeux ne la verront plus là-bas, sous le brouillard, à l'horizon. Oh! la science ressemble donc quelquefois à ce roi jaloux qui crevait les yeux de ses artistes, voulant les empêcher de recommencer pour d'autres les chefs-d'œuvre enfantés pour lui.

Les historiens poètes vous ont dit les origines de la France; interrogez à leur tour les historiens hommes d'état. MM. Thierry et Chateaubriand ont parlé, c'est le tour de M. Guizot. Rien n'échappe à la puissance de son regard; il nous apporte d'une part ses belles leçons sur les premières races, et de l'autre les précieuses chroniques où il a puisé ses enseignemens.

La féodalité se forme des débris épars de l'empire de Charlemagne. Qui sait mieux la féodalité que M. de Montlosier? Le grand œuvre de cette féodalité, c'est au dehors la croisade. Notre siècle a le premier raconté dignement la conquête de Jérusalem, et les fortunes diverses de cette chrétienté de l'Orient.

Lorsque saint Louis a fermé l'épopée de la croisade, lorsque après les temps homériques, viennent, à proprement parler, les âges historiques, la France du quatorzième siècle se suscite, au dix-neuvième son chroniqueur intelligent. S'il écrit en tête de son livre, *Histoire des ducs de Bourgogne*, ne le croyez pas. L'histoire de la Bourgogne, c'était alors l'histoire de la France. Derrière le bon duc Philippe, derrière Jean-sans-Peur, on entrevoit sans cesse cette pâle et mélancolique figure de Charles VI. Sans cesse leur successeur disparaît devant l'éclatante mission de Jeanne d'Arc, et le Téméraire lui-même ne sert qu'à faire mieux comprendre ce qu'apporte de nouveau dans le monde la politique de Louis XI.

Et le seizième siècle, et la réforme qui le remplit tout entier du génie de Luther, n'auront-ils point leur historien? Ce ne sera pas en vain, nous l'espérons, que M. Mignet aura traversé l'Espagne et visité Genève? N'y a-t-il plus rien, là et là, de Philippe II et de Calvin?

Descendons vers notre époque; l'élégante *Histoire de la Régence*, qui a pour introduction l'*Essai sur la monarchie de Louis XIV*, est elle-même une lointaine introduction à l'histoire de la révolution française. Cette révolution enfin, la plus grande des grandes choses du passé, a trouvé parmi nous deux organes dignes d'elle. Ils l'ont racontée avec l'accent de cette vague terreur qu'éveille toujours le spectacle des grandes crises de l'humanité. Ce sentiment communique au récit quelque chose de religieux et de fatal.

J'ai rapidement esquissé en peu de mots l'œuvre historique des premières années de ce siècle : je ne la juge pas, je la constate. Ma conclusion est celle-ci : Notre siècle a mission pour écrire l'histoire. Elle me conduit à cette question : Comment l'écrira-t-il? en d'autres termes : Quelle sera sa méthode?

II.

DES DIVERSES MÉTHODES HISTORIQUES.

L'objet de l'histoire c'est l'homme.

Or, l'homme est double; esprit, car il vient de Dieu; matière, car il accomplit au sein de la matière une part de sa destinée, et Dieu lui a donné des organes en harmonie avec cette partie inférieure de sa mission ici bas. L'histoire de l'homme, c'est l'histoire des idées de l'homme, mais l'histoire de ses idées se produisant au dehors sous des faits.

Or, il est arrivé ce qui, en effet, devait arriver : parmi ceux qui se sont occupés de l'histoire de l'homme, les uns n'ont vu que les faits, les autres les idées.

De là deux écoles qui se sont partagé le monde historique. Deux écoles, avons-nous dit ; est-il besoin d'ajouter deux méthodes ?

École *philosophique* d'une part, de l'autre école *pittoresque*, école des idées, école des faits. La première analyse et conclut ; la seconde raconte et prend parti. La parole de l'une est grave et sévère comme celle du juge ; celle de l'autre remuante et passionnée comme celle du partisan. Appuyée sur la matière qui la fascine, celle-ci tend au matérialisme ; fille intelligente de l'esprit, celle-là est née spiritualiste. Loin de nous de vouloir attacher invinciblement au matérialisme ou au spiritualisme la pensée de tel ou tel écrivain. Mais toujours est-il qu'à l'un ou à l'autre système la logique impose fatalement l'une ou l'autre philosophie.

Je laisse aux noms propres le soin d'achever ma pensée. Tout nom propre résume une idée, et l'histoire des idées n'est souvent que la nomenclature des noms propres.

Je ne remonterai pas aux premiers temps de l'art. Cette revue serait infinie; ce serait d'ailleurs chose inutile. L'esprit humain n'est pas si fécond que, à chaque siècle, de nouveaux systèmes se produisent. Non; à différens intervalles ce sont les mêmes idées qui se représentent, mais sous un jour nouveau, et autrement combinées, selon le mouvement général des esprits et le talent des écrivains. D'où il suit que nous pouvons chercher près de nous les diverses méthodes historiques du passé. Elle nous apparaîtront même plus complètes. L'histoire est comme les sciences exactes ; celui qui sait mieux et qui sait davantage, c'est le dernier venu.

École philosophique.

A toutes les hauteurs de la pensée on rencontre le génie de Bossuet. Bossuet, premier flambeau de l'école philosophique en France, résume l'histoire ancienne du haut d'un point de vue chrétien. Debout sur cet autre Sinaï, que n'ébranle pas encore sous ses pieds le doute profond de Pascal, il regarde d'en haut l'humanité cheminant dans la voie qui mène au berceau du Christ. L'humanité? je me trompe; l'humanité s'abreuve à d'autres sources encore qu'à celles du Jourdain, et prie à d'autres temples qu'au temple de Salomon; disons donc le peuple juif. L'humanité, aux yeux de l'historien sacré, n'est dans Jérusalem que parce qu'un jour elle y viendra; telle qu'il la voit maintenant, il la dédaigne, il la repousse, il la montre au loin sans la raconter. Il ne l'adoptera que le jour où le Messie lui-même l'aura adoptée. Jusque-là, nul souci de la théorie de ses lois, de ses arts, de sa religion, choses profanes. La matière est une ennemie qu'il combat à outrance, sans vouloir la connaître. La nature pèse sur le monde, l'esprit ne se meut qu'en un coin de l'univers. L'histoire, ainsi conçue, ainsi écrite, n'apparaît encore que sous sa forme religieuse; elle ne raconte qu'une idée, non le monde.

Le *Discours* de Bossuet sur *l'Histoire universelle*, est le testament religieux du dix-septième siècle. Au dix-huitième, l'histoire de divine devient humaine; elle se nommait Bossuet, elle va s'appeler Voltaire. Voltaire s'empare de l'histoire moderne, comme a fait Bossuet de l'histoire ancienne. Mais tout autre est l'esprit qu'il répand dans son œuvre. Cette pensée chrétienne et catholique, que Bossuet a jetée sur le monde antique, comme un merveilleux manteau, Voltaire la poursuit avec colère dans le monde moderne. Jacob échappe aux bras de l'ange et tient captive sous son genou la poitrine de l'ennemi. Si, pendant un temps, la religion a mis aux fers le libre examen, le voilà qui se relève et qui déplace toutes choses ; cet avenir, que la pensée de l'homme revendique comme son bien, elle commence par s'en emparer dans le passé ; elle charge l'histoire de dire son droit à l'empire.

La parole de l'apôtre est impérieuse et hautaine, elle fonde ; celle de Voltaire est incisive et amère, il attaque pour détruire. Bossuet et Voltaire se sont placés dans l'histoire à deux extrémités qui se regardent et se combattent, mais ils appartiennent à la même école, l'école philosophique. Dans le scepticisme de Voltaire, comme dans la foi de Bossuet, l'histoire n'a qu'une idée; ici Dieu, là l'humanité.

Cette croisade à laquelle Voltaire, en France, mène la société nouvelle contre la société antique, Gibbon la prêche à l'Angleterre, sinon avec autant de verve, du moins avec une érudition plus impartiale et plus grave. Cette violente critique du passé s'énerve en devenant plus morale, et abdique son âpre et railleuse âcreté dans l'élégante et monotone impartialité de Robertson. Déjà même sous l'indolent récit de ce dernier se laisse entrevoir l'équité indifférente de Hüme. Ce n'est qu'à l'aspect des Stuarts vaincus, que ce dernier se sent une ame. Jusque-là il était tout esprit, tout intelligence, il ne se retrouve homme qu'en se reconnaissant jacobite et tory.

Pendant qu'il va ainsi en Angleterre, et que ses historiens amoindrissent de plus en plus le fait au profit de l'idée, se relève tout à coup en France l'école philosophique. Mais cette fois elle a revêtu une forme moins générale, plus arrêtée. Elle est devenue politique. Il semble que le génie de l'époque, las des théories abstraites, cherche dans le passé, sinon déjà l'application directe de ses théories, déjà du moins des analogies qui l'absolvent le jour où il prendra ouvertement possession de la société. L'abbé de Mably analyse le fait politique avec la pénétration et la finesse que son frère, l'abbé de Condillac, a portées dans la dissection du fait métaphysique ; mais il n'est que trop vrai qu'avec la même transparence, c'est souvent le même défaut de profondeur.

Cette haute impartialité du point de départ, il faut pour qu'elle s'établisse librement dans le système, que la justice ait vaincu dans la société. La perfection de l'école philosophique sous sa forme politique, sera l'œuvre d'une intelligence bien autrement ferme que celle de Mably, je veux parler de M. Guizot. M. Guizot, en publiant de nouveau les *Observations* de Mably, semblait dire à ses contemporains : Voici d'où nous venons. Ajouter aux *Observations* le volume des *Essais*, c'était dire aussi. Et voici où nous sommes arrivés. La grande révolution qui a passé entre les deux hommes, a laissé sa trace entre les deux livres. Ce qui n'est dans Mably que timide conjecture ou vague résultat d'une analyse encore incertaine, est devenu ici formule approfondie, conquête irrévocable. Mais M. Guizot ne s'arrêta pas là ; il examina plus sévèrement les idées de son devancier; il revint au passé, l'étudia de nouveau, l'interrogea à sa manière, le considéra sous diverses faces; sous l'individu, il retrouva l'espèce, dans un peuple l'humanité, la loi sociale derrière la loi politique, et dans la loi sociale, la religion avec ses dogmes, l'art avec ses poèmes, le droit avec ses législations.

Quelle pensée a conduit M. Guizot à ce point de vue plus élevé, à cet horizon plus large? C'est que le point de vue exclusivement politique est impuissant à s'expliquer lui-même; une part du problème politique a sa solution dans la philosophie, une autre dans l'art, une autre dans la religion, une autre dans le droit.

Entre tous les écrivains de l'école philosophique, j'ai choisi M. Guizot, parce qu'il est de tous le plus haut placé dans la science; d'autres ne nous offriraient que les mêmes formules moins nettement posées.

Le caractère commun de cette école, c'est que les narrateurs lui manquent. Elle ne peint ni ne raconte, elle explique. On dirait qu'elle éprouve un suprême dédain pour la représentation extérieure et changeante du fait. Elle l'accepte, elle le juge dans sa liaison avec l'ensemble des événemens; mais comme traduction plus ou moins imagée de l'idée, comme vêtement plus ou moins pittoresque de la pensée contemporaine, elle s'en soucie peu. Ce qu'il importe à l'école philosophique de savoir et de dire, c'est le sens intime de ce fait; elle en abandonne ensuite la forme à la poésie, qui n'est, selon elle, que le bégaiement naïf de l'humanité, dont l'histoire est la langue virile. Prenez pour exemple le beau livre de M. Mignet. C'est là, à coup sûr, une œuvre d'un ordre élevé; mais n'est-ce pas plutôt une formule qu'un récit? Tout y marche d'un mouvement irrésistible, tout s'y développe comme sous la loi d'une nécessité farouche, impitoyable, rien ne se détache sur ce fond sombre et froid. Les physionomies sont dures et impassibles, ce sont des idées.

A Dieu ne plaise cependant que nous méconnaissions dans plusieurs cette couleur intelligente du récit qu'il nous afflige de voir en mépris dans l'école. Le talent a de glorieuses inconséquences. Le philosophe s'oublie parfois à peindre, et se surprend à raconter. Gibbon a des chapitres de poète, et dans le second volume de l'*Histoire de la Révolution d'Angleterre*, on sent déjà l'approche de l'école pittoresque. Telle page de l'œuvre de M. Mignet reproduit avec une heureuse clarté le mouvement et l'action compliquée des partis.

Le livre de M. Thiers se place naturellement sur les limites des deux écoles. Il se renferme presque exclusivement aussi dans le fait politique ; mais il le raconte avec une singulière énergie. La couleur vive et animée de sa narration lui marquerait son rang dans l'école pittoresque, si les bases philosophiques qu'il a données à son œuvre ne le plaçaient déjà en avant de cette école.

École pittoresque.

Née avec Jean de Muller dans la Suisse allemande, cette école n'a jamais perdu entièrement l'âpre saveur des montagnes. C'est la fille héroïque d'une nature agreste et puissamment colorée. Elle garde encore dans ses cheveux une fleur odorante des vallées, et dans ses yeux le reflet des vastes glaciers où se peint le soleil. Muse grandiose d'une république simple et antique, elle en eut d'abord la fierté sauvage et la parole hautaine. L'amour de la patrie et le sentiment jaloux de la nationalité lui donnèrent la vie et l'inspiration. Elle commença par être nationale, et fut ensuite pittoresque, parce qu'elle était nationale, épousant tout de la patrie, jusqu'à ses haines les plus aveugles, aimant son costume, ses mœurs, se laissant aller avec délices au courant de ses fleuves, s'endormant avec volupté au vague murmure de ses moissons, la voulant toujours libre, et partout la trouvant belle.

Conteuse ardente et passionnée dans l'*Histoire de la Confédération helvétique*, l'école pittoresque descend de ces proportions homériques aux proportions humaines du drame, et c'est encore la Suisse, mais la Suisse française cette fois, qui lui donne son maître; M. de Sismondi est de Genève. Là encore est la vie dans le récit; mais ce n'est plus l'éclat de Jean de Muller. Puis à cet amour de la patrie dont nous parlions à propos de Muller, a succédé le culte philophique de la patrie. C'est encore la tragédie classique, généreuse et noble, ce n'est plus le drame national. C'est l'idée abstraite du droit, c'est le sentiment réfléchi de la dignité humaine, ce n'est déjà plus l'instinct de la colline natale et l'attrait du foyer domestique.

Ainsi donc allait l'école pittoresque, racontant les faits à son aise, ressuscitant à loisir les âges écoulés, sans prendre garde au souffle puissant de la Providence qui les chasse devant elle. Cette école racontait avec ame, avec énergie, tantôt avec une haine amère, tantôt avec une amoureuse sympathie : elle ne soupçonnait pas encore le secret de la couleur locale. Une fois, dans Jean de Muller, elle l'avait rencontrée, mais c'était par le hasard du sujet. Cet art ignoré de la couleur locale, ce fut un poète qui le premier le mit en œuvre. Avant le sixième chant des *Martyrs*, on savait à peu près ce qu'étaient un Franc et un Gaulois; nul cependant, sous l'uniforme barbarie des chroniques latines, n'avait encore retrouvé le secret de ce rude langage qui annonçait des peuples nouveaux. Le premier, M. de Chateaubriand évoqua avec leur naïve physionomie les grandes images des rois chevelus. Regardez plutôt Mérovée s'élancer d'un bond, et tomber, la hache en main, devant le front des six taureaux attelés à son char de guerre.

Il y avait là autre chose que de la poésie. Un jeune homme de dix-huit ans qui était encore dans l'enceinte de nos écoles fut saisi à la vue de ces vivantes créations. Il se prit à méditer profondément. A travers ces poétiques images, il avait entrevu la science. Sous cette France de la poésie, il avait vu remuer la France de l'histoire.

Oh! ce fut sans doute, dans la vie de ce jeune homme, une heure d'ineffable orgueil, que celle où dans l'œuvre romanesque du poète, il entra plus avant que tous. Je m'assure que le jour où Augustin Thierry lut pour la première fois le sixième livre des *Martyrs*, *l'Histoire de la Conquête de l'Angleterre par les Normands* traversa son intelligence, dans une magnifique vision.

A peu près vers le même temps où M. de Chateaubriand bâtait en France la renaissance de l'école pittoresque, et la dotait au berceau de ce magique instinct de la couleur locale, d'autres enseignemens lui venaient du bord des grands lacs de l'Écosse. Les *Martyrs* avaient révélé le monde barbare; *Waverley* et les chefs-d'œuvre qui suivirent nous enseignèrent la vie du moyen âge.

La couleur locale devenait chose populaire en France, lorsque parut le livre de

M. de Barante. Cette couleur, il la déroba au roman et à l'épopée, pour la répandre riche encore, mais moins éblouissante et plus tempérée, sur les réalités de l'histoire. Ne demandez pas à l'écrivain à quel drapeau il appartient, dans ce siècle orageux des guerres civiles; il ne prouve pas, il raconte, c'est lui-même qui le dit. Il n'est Armagnac, ni Bourguignon, il est conteur dramatique avant tout. Fort peu préoccupé de la nationalité française, l'histoire a pour lui des spectacles, parfois des leçons morales, bien rarement des conclusions sociales. Rien ne lui arracherait un cri de sympathie pour le pays, si une jeune fille de Vaucouleurs ne quittait tout à coup son troupeau, et ne se mettait en marche pour aller trouver Charles VII. Il faut qu'elle se dise l'envoyée de Dieu, qu'elle apparaisse, faible et raillée, au milieu des courtisans du jeune roi, qu'elle le devine lui-même entre tous, le désigne du doigt, remporte pour lui des victoires, et le mène par la main à l'autel de Reims. Alors, dans ces simples paroles de la bergère : je suis une fille des champs, l'historien entendra celles-ci bien autrement sonores : je suis le peuple, je suis la France, et il se fera l'historien du peuple, l'historien de la France. Arrière Orléans et Bourgogne ! La France vient de lui apparaître dans Jeanne d'Arc.

Cette nationalité dont M. de Barante ne s'inspire que par momens, et à la suite du peuple qui suit une bergère au combat, elle est l'inspiration toujours présente du grand livre où se développe dans toute sa splendeur le génie de l'école pittoresque, l'*Histoire de la Conquête de l'Angleterre par les Normands*. Là, elle domine tout le récit, met en relief tous les caractères, empreint le visage des vaincus d'une sauvage mélancolie. C'est qu'elle est aussi ailleurs cette mélancolie : elle est dans le cœur de l'historien. C'est que les vaincus sont ailleurs encore que sur les rochers de Cornouailles ; c'est qu'un retour involontaire ramène sur ses contemporains la pensée du jeune écrivain ; c'est que l'Angleterre du douzième siècle, c'est la France du dix-neuvième, Hastings est Waterloo. Comme les proscrits du pays de Galles, M. Thierry a assisté à ces funérailles d'une patrie ; et, comme eux, il ne croit pas à la mort d'Arthur. Quand cette dernière illusion vient à lui manquer, sa haine en devient plus irréconciliable au vainqueur. Vous savez avec quel amour il suit dans leur fuite aventureuse les fugitifs du camp d'Ély ; comme il s'incline avec un pieux respect devant l'échafaud qui reçoit le sang de l'*outlaw*, sur la place publique de Londres ; comme il interroge curieusement le cœur profond de Thomas Becket, pour y surprendre un reste de haine saxonne, et lorsque l'héroïque archevêque est tombé à l'autel, comme il se fait peuple et chrétien pour aller au tombeau du martyr.

Telle a été l'œuvre des deux écoles.

Qualités et défauts des deux écoles.

Ainsi l'école pittoresque satisfait pleinement au côté passionné de l'humanité, l'école philosophique à sa partie intelligente; mais, exclusives l'une et l'autre, la science est incomplète dans chacune d'elles.

Isolées, sont-elles plus complètes en elles-mêmes? ont-elles épuisé leur principe? Je ne le crois pas.

L'école philosophique a entrevu dans les races diverses le caractère commun de l'humanité, et dans la vie de chaque peuple la vie commune du genre humain. Les peuples ont des lois selon lesquelles ils vivent, une religion qui satisfait à ce besoin de croyance, comme la philosophie à cet instinct moral qui est en eux. Ils ont un art qui, élevant à l'idéal et ces lois, et ces mœurs, et cette religion, bâtit, au-dessus du monde visible, l'invisible cité de l'âme. Il y a de tout cela dans la vie immense d'une nation, et l'école philosophique le sait; mais elle s'arrête avec complaisance à telle ou telle formule de la société, ou subordonne à cette formule chacune des autres manifestations extérieures du travail intime de l'humanité.

Cette école, toute spiritualiste dans son principe, n'a donc pas donné le dernier mot de spiritualisme. L'école pittoresque a-t-elle été plus fidèle à son principe matérialiste?

Nous le répétons, le matérialisme est la

conclusion dernière de l'école exclusivement pittoresque. Cette passion si hautement poétique qui anime les belles pages de M. Thierry ne peut mener, après tout, qu'à une philosophie matérialiste; car elle ne peut reposer sur d'autres bases que la persistance des races. Leur antagonisme éternel est le nœud du drame de l'histoire ainsi conçu.

Acceptons-le comme immortel, cet antagonisme des races humaines. Ne manque-t-il rien, dans M. Thierry, à la physionomie, à l'histoire de ces races? Il excelle à peindre les barbares; nul n'a d'une main plus ferme remué l'épée de Charlemagne ou le cor de Roland; nul ne fera parler avec cette énergie rude et fière les Danois, ces rois de la mer, qui s'en vont chanter aux Saxons *la messe des lances*. Mais ces barbares, je vois bien où ils passent et où ils arrivent; maintenant d'où viennent-ils? Je l'ignore. Le sol sur lequel ils sont nés et dont les fruits sauvages les ont nourris, a donc gardé le secret de leur nature physiologique? Je voudrais voir ces hommes germer sur ce sol, mûrir sous ce soleil. Le système de M. Thierry devait prendre racine dans une forte et intelligente géographie. La géographie était de toute nécessité une des bases fondamentales de son point de vue philosophique. Je crains qu'il ne l'ait trop négligée. Vos peuples ont la vie énergique, mais sous leurs pieds la terre se dérobe. Il a manqué au grand historien d'être un physiologiste. Il y a sans doute de l'enfantillage poétique, il y a de l'idylle dans les belles *idées* de Herder ; mais ce luxe d'images cache souvent de profondes vérités. La théorie des climats est trop absolue dans le livre de Montesquieu ; mais réduite à ses proportions naturelles, et replacée au sein des grandes lois générales de l'univers qui la limitent, elle est féconde et vraie.

Mais pousser le système jusqu'à ses dernières bornes, en restant toutefois dans le point de vue exclusif des races, c'était imposer une loi de fer à l'histoire. Car si les races ont cette vie dure, et se repoussent avec cette invincible répugnance, comme il faut après tout que l'humanité marche, et que la civilisation est au prix du mélange, bien venus donc sont les barbares qui mêlent violemment les peuples, salut à la conquête qui sauve la civilisation en péril! Maudit soit ce Charles-Martel qui s'en va refouler vers l'Espagne l'invasion musulmane, quand le Koran pouvait seul réconcilier le Nord et le Midi!

Ainsi vont les natures impitoyablement scientifiques, ainsi ne va pas le cœur de l'homme. M. Thierry s'est soulevé contre les terribles conséquences du système qu'il représente. La part qui revient à l'humanité dans les coups d'épée du conquérant, il la reconnaît et l'accepte; mais il a beau la faire grande et belle, elle est à peine à ses yeux une compensation de la conquête; l'invasion n'en est pas plus légitime. Trouvant meilleure la cause du vaincu, il entre dans son camp et partage toutes ses haines, tour à tour Breton contre les Saxons, et Saxon contre les Normands. L'historien épouvanté lui-même de la pente irrésistible de sa pensée, se réfugie dans le droit pour échapper à la logique qui le pousse au fatalisme.

Ainsi, en résumé, l'école philosophique dédaigne la forme du fait, et la brise pour aller à l'idée; l'école pittoresque se laisse si bien enchanter par cette forme, qu'elle ne se soucie plus de lui demander l'idée qu'elle contient. C'est un fruit merveilleux dont elle admire la couleur, dont elle respire le parfum; elle ne l'ouvre pas pour en saisir le germe. Ce qui manque à cette école, certes, ce n'est pas la vie, c'est le mouvement; sans cesse elle s'arrête pour voir plus à l'aise, pour décrire plus à loisir. Il y a de l'Orient en elle, il y a quelque chose de cette fascination de la matière qui est un des caractères de l'Orient. Elle s'enivre du spectacle qu'elle raconte; et cependant l'humanité marche, l'humanité court. Si l'histoire pittoresque s'en aperçoit, et signale les progrès de la civilisation, les conquêtes de la liberté humaine sur l'oppression du monde matériel, ce n'est que par une de ces sublimes inconséquences qui appartiennent au génie.

L'école philosophique, de son côté, a réuni tous les élémens épars de l'histoire générale, mais sans les fondre en une vivante et profonde personnalité; il semble que l'imagination lui ait manqué ; elle est allée de l'anatomie à la physiologie, c'est déjà un pas immense ; le corps est décomposé et décrit : que faut-il encore? Le ressusciter. La vie est dans chaque membre qui ne demande qu'à vivre ; mais les membres sont là immobiles; où est Ezéchiel pour leur crier : « Levez-vous ? »

Ezéchiel c'est Vico.

III.

ÉCOLE SYMBOLIQUE.

Nous l'avons dit en commençant, l'homme est double : double sera donc son histoire. Il est corps, elle sera matérialiste, c'est-à-dire pittoresque; il est esprit, qu'elle soit donc aussi philosophique, c'est-à-dire spiritualiste. En un mot, l'homme est un symbole, voici le temps venu de l'école symbolique.

Elle ne pouvait venir plus tôt; comme sa

méthode est l'alliance intelligente des deux méthodes qui l'ont précédée, elle ne pouvait venir utilement qu'à l'heure où ces deux méthodes auraient porté pour la science tous les fruits qui étaient en elles. Il fallait que l'école philosophique eût scruté dans tous ses replis la pensée de l'humanité ; il fallait que l'école pittoresque eût enseigné aux coloristes de l'histoire à suivre l'humanité dans les caprices infinis de ses transformations successives. L'une et l'autre œuvre accomplie, avec quelle gloire pour notre âge, vous le savez, alors est née l'école symbolique, qui, dans la fusion des deux méthodes, a retrouvé, pittoresque et philosophique à la fois, la réalité de l'histoire.

Cette union est féconde. L'histoire ainsi présentée n'est pas seulement plus complète, elle est encore plus grave ; elle grandit l'homme de toute la hauteur de l'humanité; elle ajoute à la vie de chaque peuple toute la durée des siècles passés.

Voici l'idée de Vico, si ce ne sont ses paroles :

« Dans cette variété infinie d'actions et
» de pensées, de mœurs et de langues
» que nous présente l'histoire de l'homme,
» nous retrouvons souvent les mêmes
» traits, les mêmes caractères; les nations
» les plus éloignées par les temps et par
» les lieux suivent, dans leurs révolutions
» politiques, dans celles du langage, une
» marche singulièrement analogue. Déga-
» ger les phénomènes réguliers des acci-
» dentels, et déterminer les lois générales
» qui régissent les premiers; tracer l'his-
» toire universelle, éternelle, qui se pro-
» duit dans le temps sous la forme des
» histoires particulières; décrire le cercle
» idéal dans lequel tourne le monde réel,
» voilà l'objet de la nouvelle science; elle

» est tout à la fois la philosophie et l'his-
» toire de l'humanité. »

Vico, ainsi que Ptolémée, a donc tracé autour du monde visible, comme un ciel de cristal dans lequel vient se réfléchir ce point de l'espace et ce moment de la durée au sein desquels nous nous agitons.

Les belles paroles de Vico, que nous avons empruntées à son éloquent interprète, M. Michelet, ne résument pas seulement l'objet de la philosophie de l'histoire; elles sont le fondement de l'école symbolique; car ce rapport perpétuel du monde des faits au monde des idées, c'est l'histoire telle que la conçoit cette école intelligente et passionnée tout ensemble.

Passionnée, elle revêt chaque époque de la couleur qui lui appartient, du costume qui la distingue entre toutes, elle lui rend ses haines et ses sympathies, et par là elle est dramatique. Intelligente, une idée la domine, élargissant la voie devant elle, à mesure qu'elle avance, et pour elle éclairant le but, à mesure que ce but semble se rapprocher d'elle, l'idée du progrès.

Mais cette loi du progrès, à quelle condition règne-t-elle sur le monde?

A cette condition, que la civilisation partie du même point et à la même heure que l'humanité, cheminera sans cesse, rapide ou lente, selon les temps, toujours du moins dans le même sentier, vers le même but, afin que rien ne soit perdu dans cette vie expérimentale du genre humain; à cette condition, qu'elle reprendra à chaque siècle l'œuvre ébauchée des siècles écoulés, mais qu'elle la reprendra dans de plus vastes proportions. La question qui se pose aujourd'hui dans la religion, dans le droit, dans la politique, dans l'art, dans la philosophie, d'autres avant nous l'ont posée, d'autres après nous la poseront. Ce qui constate le progrès, c'est la manière dont cette question est posée, c'est la solution que les générations lui imposent tour à tour. Le fond est le même, mais le combat grandit de siècle en siècle, et plus difficile chaque fois est la victoire, plus vaste la conquête.

L'histoire a mission d'exposer et de comparer ces solutions successives du problème social. L'histoire, on l'a dit, est une vaste école des nations; cela est vrai, mais surtout en ce sens, que chaque peuple y vient à son tour répondre au génie de la civilisation de la route qu'il a suivie, pour arriver à la solution du problème éternel. L'unité de l'histoire est dans l'identité de la question que chaque siècle et toute nation sont appelés à résoudre, sa variété est dans la méthode.

Comment s'y prend la psychologie pour démontrer l'identité de l'individu? Elle constate la filiation et la liaison nécessaire des actes de l'intelligence individuelle. De cette renaissante progression du problème humain, jaillit, de la même manière, la preuve de l'identité de l'espèce, en d'autres termes, la preuve de sa perpétuité. Ce qu'il y a d'universel dans l'histoire repose sur sur cette base de la perpétuité de l'espèce, et dans la mobilité infinie de sa vie extérieure se développe, féconde et inépuisable, la liberté de l'individu. L'école pittoresque a trop peu vu qu'amener le passé en face du présent, c'est montrer à ce dernier une autre image de lui-même; l'école philosophique paraît trop oublier que dépouiller l'humanité des images que tour à tour elle revêt, c'est nier la variété, c'est méconnaître la liberté. L'une substitue l'individu à l'espèce, l'autre dans l'espèce fait disparaître l'individu.

L'école symbolique se gardera bien de mutiler l'humanité.

Une conséquence à tirer de ceci, c'est que dans cette manière de concevoir la science, il n'existe plus d'histoires particulières proprement dites. L'histoire d'un peuple et d'un pays est déjà l'histoire du genre humain, dans les conditions déterminées d'une époque et les limites d'une contrée. D'où il suit que s'il est encore de petits peuples, il n'est plus de petites histoires. Là ou là, le drame peut avoir moins de personnages : partout il est sublime.

Telle nous a paru la méthode qui doit présider aux études historiques de notre temps.

Vico a dès long-temps posé le principe de cette méthode dans *la Science Nouvelle*, ce livre immortel. Vico restera le législateur de l'école symbolique. Elle vient d'avoir, le même jour, son historien et son poète.

Son poète! vous savez la merveilleuse création d'Edgar Quinet, Ahasvérus! cette histoire épique du genre humain, cette sombre transfiguration du passé. Du poète à l'historien il y a la différence qui existe de la poésie à l'histoire. Vainement le poète se proposera de donner à son imagination le spectacle naïf du monde et de ses destinées, il n'échappera pas à cette loi de sa condition, laquelle veut qu'il individualise toutes choses, que sans cesse il procède de lui-même au monde extérieur, et le repétrisse à son image. Ainsi a fait M. Quinet, et le secret de son inspiration, il vous l'a confessé lui-même dans le pathétique intermède qui mène, dans son drame, de la troisième journée à la quatrième. Vous verrez à travers quelles larmes il a contemplé l'humanité, et vous ne vous étonnerez plus alors qu'il en raconte l'histoire avec la langue de sa passion. Ce cri de douleur qu'il fait s'exhaler de la poussière du genre humain, c'est de son cœur qu'il est parti.

Autre est la marche de l'historien, autrement a fait M. Michelet. S'il se place également au centre du monde, c'est pour mieux percer du regard toutes les avenues qui de ce monde mènent à Dieu. Il ne voit pas en lui le monde, mais il se voit dans le monde, pêle-mêle avec tous ceux qui travaillent et qui voudraient voir la semence germer dans le sillon. S'il interroge sa propre conscience, c'est pour éclairer de ses révélations la métaphysique sociale, et s'il conserve invincible et profond le sentiment de la liberté, il n'hésite pas cependant à laisser sa personnalité s'abîmer dans la haute et majestueuse unité du genre humain.

IV.

CONCLUSION.

La méthode que nous venons de présenter d'une manière si incomplète encore serait-elle exclusivement la méthode de l'histoire? Je ne le puis croire. A une époque où l'histoire domine toute littérature, la méthode littéraire ne peut être autre que la méthode historique. Voyez si dans le siècle dernier toute poésie ne procède pas par voie d'analyse philosophique.

Ainsi le veut la logique, mais les faits le veulent-ils ainsi? L'induction nous amène à croire que toute littérature contemporaine sera désormais symbolique. La littérature va-t-elle justifier ou démentira-t-elle les assertions de la logique?

Prenons la poésie dans son expression, sinon la plus haute, la plus large du moins, la mieux comprise, la plus populaire, le théâtre. Nous avons eu longtemps deux écoles en présence. Les uns ne souffraient guère sur la scène que l'homme dégagé de toute circonstance de temps et de lieu, l'homme de tout âge et de toute nation, en un mot l'humanité aux prises avec la passion universelle. C'étaient là, si j'ose m'exprimer ainsi, les spiritualistes du drame, et comme une sorte d'*école philosophique*. Aux autres il ne fallait que l'individu et des passions individuelles; l'homme disparaissait sous la réalité du costume, le fait étouffait l'idée, l'unité se perdait dans la variété : c'était là, à coup sûr, *l'école pittoresque* du drame.

Qu'est-il arrivé ? ce qu'aisément on pouvait prévoir. Le drame spiritualiste, à force de s'isoler dans une sphère idéale, s'est éteint de langueur et d'inanition. Le drame pittoresque s'est plongé dans l'orgie de la matière avec un tel emportement, qu'il a fini par oublier que ses personnages étaient des hommes parlant à des hommes ; il achève maintenant de mourir dans son ivresse brutale. Tout le monde a compris enfin que, de la fusion des deux systèmes tempérés l'un par l'autre, devait naître un drame prompt à émouvoir les natures les plus vulgaires par les passions éternelles du cœur, et habile à satisfaire les imaginations les plus vives par cette vérité de la couleur qui donne la réalité aux œuvres de l'esprit. Un drame qui produirait au théâtre la vie profonde de l'humanité sous l'image qui, d'époque en époque, la renouvelle aux yeux de l'histoire, serait, à proprement parler, le drame de *l'école symbolique*.

Mais pourquoi nous arrêter au théâtre, et restreindre notre pensée en la résumant dans un seul exemple? La poésie contemporaine, dans ses œuvres les plus diverses, confirme hautement, par d'éclatantes analogies, l'expérience du théâtre.

Un reproche avait été fait à la poésie française, en général, et ce qu'on lui reprochait était la conséquence nécessaire de sa perfection même. A force d'épurer sa langue et de prendre conseil de l'analyse plutôt que du sentiment, elle en était venue à substituer partout le mot abstrait à l'expression colorée. De là sa netteté parfaite, de là son admirable limpidité, de là aussi cette apparence de sécheresse, que les étrangers se croient en droit de relever, même dans nos grands écrivains. Aussi tout poème qui n'échappe pas à ce reproche de froideur par d'éminentes qualités d'harmonie et de naturel, se perd bien vite dans la foule des œuvres vulgaires. Boileau a donc eu raison de dire que du médiocre au pire la poésie n'admet aucun degré; mais il aurait dû dire, la poésie française. Nous n'avons que de grands poètes ou de fades rimeurs. Il n'en est pas ainsi chez les peuples où l'imagination gouverne la poésie. L'Italie et l'Angleterre ont une foule de poètes dont elles n'ont pas dédaigné de retenir quelque chose, même après les grandes inspirations de Milton et de Dante. Ce sont souvent des écrivains assez vulgaires. On a presque oublié leurs noms, on cite encore leurs vers. C'est comme un parfum de poésie qui plane sur leurs œuvres; il n'appartient à aucun, mais il est sur tous. En France, jusqu'à nos jours, la raison avait trop sévèrement peut-être réprimé la fantaisie poétique. Il n'était pas chez nous jusqu'à la prose, qui, toute supérieure qu'elle était, et précisément parce qu'elle était supérieure, ne nuisît à la poésie par les qualités mêmes qu'elle lui prêtait.

Mais lorsque la révolution, en enseignant à l'ame de nouvelles émotions et à la muse de nouveaux chants, vint rendre à l'imagination la souveraineté dans l'art, la réaction fut grande contre cette beauté abstraite de la muse nationale. L'image qui trop souvent avait manqué à la langue poétique, l'envahit si brusquement qu'elle faillit devenir à elle seule toute la poésie. Les poètes avaient été spiritualistes, ils devinrent exclusivement pittoresques et matérialistes. N'est-il pas évident qu'aujourd'hui nous allons à l'alliance de la pensée et de l'image? je dirais volontiers des *Méditations poétiques* et des *Feuilles d'automne* que c'est là de la poésie symbolique

Peut-être, en passant de la poésie aux autres branches de l'art, serait-il facile de signaler dans les œuvres nouvelles de la statuaire et de la peinture une tendance analogue. Mais je craindrais de compromettre, par l'apparence du paradoxe, une vérité simple et féconde.

Je voudrais que de tout ceci on tirât cette conclusion consolante : c'est que nous entrons dans une ère de réconciliation intelligente et sincère. L'époque qui, par ses œuvres les plus éclatantes, proclame déjà dans l'art ce noble principe de pacification intellectuelle, n'est pas loin de le proclamer aussi dans la société politique. L'esprit turbulent des révolutions s'agite encore à la surface, mais au-dessous les ames s'apaisent, les bases s'affermissent. Je ne sais s'il nous sera donné de contempler debout l'édifice nouveau, toujours est-il que ses fondemens s'enracinent dans le sol sur lequel nous marchons. Le premier regard que nous jetons autour de nous est encore plein de tristesse et d'anxiété, parce que le spectacle est, au premier aspect, sombre et mélancolique. Bien des passions remuent encore; mais sortons de la vie agitée du moment, arrachons-nous à cette mêlée moins acharnée peut-être qu'elle n'est bruyante, et demandons-nous si, à ces heures pacifiques dont l'ame la plus troublée n'est jamais entièrement déshéritée, à ces heures de pensée calme et recueillie, il ne semble pas qu'on entende le marteau de l'ouvrier divin qui replace en leurs fondemens les bases antiques de la société. Long-temps la mer frémit encore à la surface, que déjà elle a repris au fond de son lit son majestueux repos.

FIN DE L'ESSAI.

APPENDICE.

DE L'HISTOIRE DE FRANCE

DE M. MICHELET.

Un livre n'est pas une fantaisie de l'esprit, un vain spectacle que l'imagination se donne à elle-même, pour satisfaire à ce besoin de mouvement qui appartient à notre nature. Un livre est un être réel, qui a ses lois comme nous, et comme nous vit de sa vie propre. Au sein de ce monde des faits extérieurs, les idées se produisent de deux manières, sous des noms d'hommes et par des livres.

Le principe vital d'un livre, sa loi organique, c'est sa méthode.

On a remarqué, dans les hommes d'une même époque, un type commun de physionomie, comme ils ont une façon d'être, des habitudes, des goûts, un idiome, un costume qui leur sont propres. Ne pourrait-on le dire aussi des livres? Il semble, en effet, qu'ils aient comme nous leurs générations, diverses entre elles de physionomie, d'allure et de langage; si j'hésite à dire de costume, c'est que je crains de paraître frivole.

Tout âge d'hommes a sa pensée générale plus ou moins confusément empreinte dans les pensées individuelles; tout âge de livres sa méthode plus ou moins clairement réalisée par les œuvres particulières. Le jour où, dans la société politique, s'élève un génie d'action assez puissant pour remuer les hommes à sa guise, c'est dans l'état une nouvelle ère qui commence; le jour où, dans la société scientifique, apparaît un livre doué d'une autorité assez grande pour s'emparer des intelligences, c'est dans l'esprit humain une impulsion nouvelle qui se manifeste.

L'Histoire de France de M. Michelet, nous a paru continuer la tradition des grands livres; celui-ci marque, selon nous, dans la science, l'avènement d'une méthode.

M. Michelet a écrit : Que mon livre dise sa méthode s'il peut! Oui, voilà bien le livre de la méthode, neuf, éloquent, original, aspirant à tout comprendre et à tout embrasser. Mais cette méthode ne serait-elle que celle du livre? Non, quelque grand qu'il soit, et c'est précisément par là qu'il est grand, un livre ne crée pas une méthode, il ne fait que la révéler.

La première question que nous nous sommes posée à nous-même, en ouvrant ce livre, a été celle-ci : Quelle est la méthode de M. Michelet? Et quand nous avons fermé le livre, cette question s'est formulée d'elle-même ainsi dans notre esprit : la méthode historique de M. Michelet ne serait-elle pas la vraie méthode de notre âge ?

Nous avons essayé de résoudre ces deux questions dans l'essai qui précède. Voyons si l'analyse du livre ne nous donnerait pas la même solution.

Disons d'abord quelques mots de l'auteur ; comme en ce monde il se rencontre toujours un homme à côté d'une idée, raconter la vie de l'homme, c'est commencer l'histoire de l'idée.

I.

M. MICHELET.

M. Michelet sortit en 1817 des écoles de Paris, où il s'était fait remarquer par un esprit ingénieux et fin qui déjà tournait volontiers aux méditations de l'histoire. Ce fut pour enseigner l'histoire qu'il rentra dans l'université. Ses élèves de cette époque n'ont pas oublié quel attrait il prêtait à un enseignement qui naissait à peine, et qu'il fallait réconcilier avec l'imagination prévenue des jeunes gens, presqu'autant qu'avec les frayeurs cachées de l'administration de l'époque. M. Michelet sut échapper avec bonheur au double péril de cette épreuve.

Quoique ses leçons parussent alors uniquement fidèles aux traditions de ses maîtres, déjà cependant des travaux graves et solitaires le préparaient à porter dans ces leçons une inspiration plus personnelle, et à les produire, ainsi transformées, sur le champ de bataille de la science. Vico, qui appartenait encore tout entier à l'Italie, présida dès ce temps à tous les travaux du jeune écrivain. Vico était dès lors le Virgile qui le conduisait par la main à travers les cercles que parcourent les nations dans le mystérieux voyage de *l'humaine comédie*.

Révéler Vico à la France, ce n'était pas

seulement une pensée de reconnaissance, c'était pour l'avenir une féconde inspiration. C'était peu de placer un beau livre de plus en regard du *Discours sur l'histoire universelle ;* traduire la *Scienza nuova*, et la traduire en l'expliquant, c'était poser sur des bases indestructibles les principes de la philosophie de l'histoire. M. Michelet traduisit l'œuvre de Vico, et l'expliqua avec profondeur.

Vico, avec l'inflexible rigueur d'une logique haute et simple, a décrit le cercle idéal dans lequel, au sein de l'histoire générale, tournent les histoires particulières. Il a marqué dans le monde le large sillon de l'humanité, laissant aux historiens le soin de chercher dans cette voie et l'empreinte de chaque siècle et la poussière de chaque peuple.

Chaque peuple chemine donc, en son temps, dans cette voie commune du genre humain. Mais pour chaque peuple les proportions changent, les conditions deviennent autres, les couleurs se renouvellent; en un mot, à côté de la Providence qui mène l'homme à la civilisation, il y a la liberté humaine qui se produit diversement dans chaque siècle.

Or, ce double mouvement de la vie du monde commande à l'historien, d'une part une philosophie sociale assez vaste pour contenir en soi religion, arts, lois, politique, etc., de l'autre un récit pittoresque dans lequel revive sous son costume original l'homme de chaque époque et de toute nation. L'histoire alors pourra se définir ainsi : la vie progressive de l'humanité se réfléchissant tour à tour dans les traits passionnés de chaque peuple.

Voilà ce que M. Michelet trouvait, en 1827, au fond de la pensée de Vico. Précisément à la même époque, la résurrection de l'École Normale lui permit d'apporter le résultat de ses travaux dans le sein même de l'université.

La traduction de Vico avait posé le principe de la théorie ; quelles en furent les premières applications ?

Il faut les chercher d'abord dans ce brillant et rapide *Précis de l'histoire moderne*, qu'on ne regrettera plus enfin de voir inachevé. Ce qui n'avait été dans une première édition qu'une suite de rapprochemens chronologiques, reparaît dans la seconde sous une forme vivante : le génie de Vico a passé par là.

Cependant, dans cette effrayante profusion d'événemens et d'idées dont se forme l'histoire moderne, un grand nom, Luther, s'était emparé de l'imagination de M. Michelet ; un fait immense avait préoccupé sa pensée, la lutte renouvelée de l'autorité et de la liberté, en un mot, la réforme. Cette sombre figure qui partout dans la société moderne se montre à l'historien, il veut aller à elle, il veut entendre Luther prêchant sa doctrine, parlant sa langue; il apprend l'allemand, et court regarder l'Allemagne. Le livre que M. Michelet rapporta de ses études et de son voyage, nous l'aurons sans doute bientôt, et deux fois Luther aura vécu.

Mais à mesure que l'historien entrait plus avant dans cette ame profonde de Luther, il voyait la question s'agrandir. Elle n'était déjà plus le combat du seizième siècle, elle devenait le combat du monde : elle cessait d'être homme, elle se faisait humanité.

De cette pensée naquit l'*Introduction à l'histoire universelle*, cent pages de haute éloquence et de philosophie profonde.

Qu'était-ce dans la pensée de l'auteur que l'histoire universelle? le spectacle

d'une grande lutte, la lutte de l'esprit
contre la matière, de la liberté contre la
fatalité, lutte de tous les âges et de tous
les peuples, mais qui se fait plus inégale à
mesure que l'humanité marche, plus inégale, disons-nous, au profit de la liberté.

Mais si cette lutte est partout, nulle
part elle n'a trouvé un plus beau champ
de bataille que la France. La France! c'est
là que viennent aboutir tous les travaux
de M. Michelet; toutes ses pensées le ramènent à la France: qu'elle ait donc enfin
son histoire!

Mais cette France est-elle tout entière
dans la France? Non, elle continue le
monde, elle continue dans le monde moderne Rome qui a résumé le monde antique. Le Jeudi-Saint de l'année 1830,
M. Michelet entrait dans Rome. On sait la
belle histoire qui nous revint avec lui;
on n'oubliera plus ce magnifique chapi-

réforme. Cette sombre figure qui partout dans la société moderne se montre à l'historien, il veut aller à elle, il veut entendre Luther prêchant sa doctrine, parlant sa langue; il apprend l'allemand, et court regarder l'Allemagne. Le livre que M. Michelet rapporta de ses études et de son voyage, nous l'aurons sans doute bientôt, et deux fois Luther aura vécu.

Mais à mesure que l'historien entrait plus avant dans cette ame profonde de Luther, il voyait la question s'agrandir. Elle n'était déjà plus le combat du seizième siècle, elle devenait le combat du monde : elle cessait d'être homme, elle se faisait humanité.

De cette pensée naquit l'*Introduction à l'histoire universelle*, cent pages de haute éloquence et de philosophie profonde.

Qu'était-ce dans la pensée de l'auteur que l'histoire universelle? le spectacle d'une grande lutte, la lutte de l'esprit contre la matière, de la liberté contre la fatalité, lutte de tous les âges et de tous les peuples, mais qui se fait plus inégale à mesure que l'humanité marche, plus inégale, disons-nous, au profit de la liberté.

Mais si cette lutte est partout, nulle part elle n'a trouvé un plus beau champ de bataille que la France. La France! c'est là que viennent aboutir tous les travaux de M. Michelet; toutes ses pensées le ramènent à la France: qu'elle ait donc enfin son histoire!

Mais cette France est-elle tout entière dans la France? Non, elle continue le monde, elle continue dans le monde moderne Rome qui a résumé le monde antique. Le Jeudi-Saint de l'année 1830, M. Michelet entrait dans Rome. On sait la belle histoire qui nous revint avec lui; on n'oubliera plus ce magnifique chapitre de la seconde guerre punique, et cet Annibal redevenu enfin dans l'histoire ce qu'il était dans la réalité, à savoir un véritable chef de condottieri, et de tous les aventuriers de l'ancien monde, le plus grand.

Ce fut donc en se plaçant au sommet du Capitole que M. Michelet comprit dans la civilisation moderne la vraie place de la France, et il eut à traverser tout le monde romain pour venir se reposer dans cette France où il arrive aujourd'hui.

Je m'étais proposé, dans ce peu de lignes, de faire remarquer quelle unité a présidé jusqu'ici aux travaux de notre jeune et grand historien; de montrer par quelles voies il a retrouvé la poésie dans la science; de signaler la forme toujours nouvelle qu'a revêtue, d'année en année, cette pensée véhémente et hardie; de la prendre à son origine, et de la suivre dans ces veilles ardentes et dans ces courses lointaines qui ont blanchi, à trente ans, les cheveux de l'écrivain. Peut-être n'aurais-je atteint mon but qu'à demi; mais le choix éclairé de M. Guizot a ouvert à M. Michelet les portes de la Sorbonne, et la grace éloquente et originale de sa parole a pris soin d'achever cette esquisse dans l'esprit de tous.

II.

ANALYSE DE *l'histoire de France*.

Nous avons parlé de l'auteur : parlons du livre.

Trois élémens forment une nation : le sol où elle croît, les races dont elle est la fusion mystérieuse, les monumens, temples ou lois que tour à tour les générations se bâtissent à leur image.

A ces trois élémens de la nation correspondent dans l'œuvre historique de nombreuses divisions : la géographie, la physiologie, le droit, la philosophie, puis enfin l'art et la religion, cette double formule du rapport qui lie l'humanité au monde, et relève vers son auteur l'ensemble de la création.

Le livre de M. Michelet s'arrête aujourd'hui à la mort de saint Louis, sur le seuil des temps modernes : M. Michelet avait donc à raconter, du cinquième au treizième siècle, la géographie de la France, les races qui se sont partagé la France, la religion qui à la vie humaine de la France a mêlé quelque chose de la vie divine, la philosophie qui est sortie de cette religion pour la défendre ou pour la combattre, l'art enfin qui a ses cathédrales, comme le droit ses institutes, la religion son dogme, la politique ses capitulaires.

Toutes ces grandes manifestations de l'humanité apparaissent et se développent simultanément dans la réalité. Elles s'enchaînent avec le même éclat de vie et de mouvement dans le récit de M. Michelet. Il a fait de ce récit un vaste tissu où toutes les couleurs s'entremêlent selon le dessin primitif que leur a tracé la méthode.

Il y avait sans doute quelque chose de séduisant à cet ordre, selon lequel l'analyse amenait successivement chaque fait sous le regard de l'historien; mais l'ordre dans cette méthode, autrefois en faveur, était plus apparent que réel. C'était l'ordre dans la mort : autre chose est l'ordre dans la vie. Oui, voilà bien des rois avec leurs couronnes sur la tête, des guerriers avec leurs glaives dans la main. Mais, si je ne vois tout cela se mouvoir, vous aurez peint les catacombes des religions de l'Orient, vous n'aurez pas ressuscité un monde. Dans le livre que nous essayons d'analyser, c'est bien la France qui respire. Par un admirable instinct d'artiste, l'historien s'efface, et ne reparait sur la scène qu'au moment où les personnages principaux laissent le théâtre vide; il reparaît alors, mais avec l'autorité du chœur antique qui juge après avoir regardé l'action en silence, mais avec une verve de sympathie qui associe constamment l'homme aux joies et aux douleurs de l'humanité.

Deux races se présentent d'abord sur le sol gaulois : les *Galls* ou *Celtes*, peuple de guerre et de bruit, courant le monde l'épée à la main, moins, ce semble, par avidité que par un vague mais impérieux désir de voir, de savoir, d'agir; les *Ibères*, moins ardens à l'attaque, mais héroïques dans la résistance. Aux autres les couleurs éclatantes, à ceux-là le vêtement de poils noirs; aux Ibères leurs montagnes et l'indépendance, aux Celtes les aventures et le monde.

Les Celtes commencent le tour de la terre par l'Espagne; ils rejettent les Ibères au-delà des Pyrénées, s'établissent, purs de tout mélange, aux deux coins de la Péninsule, et dans le centre se mêlent aux vaincus.

Si les tribus ibériennes des Sicanes et des Ligures traversent la Gaule pour tomber sur l'Italie, ils y trouveront encore les Galls pour refouler les Ligures vers l'Arno, et les Sicanes jusqu'au pied des monts de Sicile.

A ce monde gallique ainsi fait, élément flottant et mou d'une société nouvelle, il manque un principe de stabilité : qui le lui apportera? une idée sociale : qui la lui donnera ?

La Phénicie apparaît dans le midi, fonde Nîmes, et par la Gaule trace à l'Italie sa route vers l'Espagne. La Grèce vient à son tour, et dépose Marseille au bord de la Méditerranée. Ainsi la civilisation du midi de la Gaule est confiée aux deux peuples que le monde antique a proclamés ses législateurs. Celle du Nord, abandonnée à la fortune du génie celtique, ne périra pas. Voici déjà que la tribu des Kymris apporte à la Gaule le druidisme qui enseigne l'ame immortelle.

Toutefois, de telles doctrines devaient trouver long-temps encore une vive opposition dans le génie matérialiste de cette race. Retranchée, pour ainsi dire, dans la vie de clan, d'où les druides ne purent la tirer, elle échappe aux druides, et, par le Rhin, par les Alpes, elle déborde sur le monde.

A peine sortis de leurs grands villages ouverts, les Galls arrivent tout à coup au sein des villes étrusques : c'est la tribu en face de la cité. Il faut bien que la cité l'emporte ; mais le Gaulois aura le temps de brûler Rome. Surpris par Camille dans Rome en cendres, il se heurte, au Nord, contre les Bolgs ou Belges, qui le refoulent, se tourne vers le Midi et descend dans la Macédoine, s'en va se briser au rocher de Delphes, ou vendre son sang à l'Asie, et se reposer enfin sur ce qui reste de Troie.

Las de suivre tous les aventuriers que tente l'Italie, ils vont la prendre pour eux-mêmes, et il faut trois armées romaines pour leur faire repasser le Pô. Annibal les fait redescendre au rôle de *condottieri*. Rome les frappe dans Carthage, et les désarme dans leurs colonies phrygiennes. Marseille fait signe à Rome son alliée, et les Romains se montrent à la Gaule.

Marseille avait compté sur l'empire des Gaules; mais Rome, qui se réserve cet empire, donne à Marseille une rivale dans Narbonne. Pendant qu'elle s'occupe à fonder, la Baltique déborde sur la Germanie, et la Germanie sur la Gaule qui appelle les Cimbres à son aide. Cépion est vaincu, et si, après une autre bataille de Cannes, les barbares n'eussent perdu temps à courir la Gaule, Marius arrivait trop tard; il vint et sauva Rome.

Cependant les druides préparaient les Gaulois à la civilisation, et par le spiritualisme ouvraient la voie au christianisme. César les surprit amollis déjà par ce commencement de culture intellectuelle. Leurs divisions lui donnèrent la victoire; mais il laissa suspendue à l'un des temples du pays conquis son épée ravie dans un combat. Quand il revint à Rome, la Gaule l'y suivit. Par elle il vainquit Pompée, et par lui elle régna. Compromise par César, la nationalité romaine s'indigne, et sous Auguste et Tibère elle ferme le sénat aux Gaulois. Claude le leur ouvre de nouveau, et « le titre de notre admission

« dans cette grande initiation du monde, » c'est ce discours de Claude que Lyon conserve encore sur une table de bronze. Caligula et Néron continuèrent l'œuvre de Claude. La Gaule, à son tour, donne à Rome des orateurs et des consuls, et lui envoie des comédiens, en attendant qu'elle lui impose des empereurs.

Au premier siècle de l'empire, la Gaule avait aidé à faire des empereurs ; au second, elle en avait fourni ; au troisième, elle essaya de se séparer de l'empire.

Mais elle était frappée du même principe de mort que le reste du monde romain, l'esclavage. Les propriétaires ont absorbé les petits cultivateurs ; les esclaves les remplacent en vain : la terre qu'ils remuent les dévore et les use. Mais, par une compensation sublime, ceux de ses esclaves que le caprice affranchit et que la faveur du prince appelle aux affaires, commencent dans le droit romain une bienfaisante réaction contre la loi romaine.

Quand les Grecs ou les Syriens manquent, c'est le tour du Scythe ou du Germain. Rome leur confie les arts élégans de la vie; mais ces barbares savent produire à peine de grossières imitations que le riche paie au poids de l'or. L'esclave est devenu chose rare. Alors vient la misère après la dépopulation ; ajoutons-y le fisc, et nous comprendrons ce long cri de détresse que jette l'empire à cette époque.

L'avénement de Constantin et du christianisme annonçait une ère plus heureuse;... « La vue seule de la croix triom-
» phante consolait déjà les cœurs. Ce si-
» gne de l'égalité universelle donnait une
» vague et immense espérance : tous
» croyaient arrivée la fin de leurs maux.
» Cependant le christianisme ne pou-
» vait rien aux souffrances matérielles de

» la société. » Les empereurs chrétiens n'y remédièrent pas mieux que leurs prédécesseurs ; il fallut jusqu'à des lois pour forcer le curiale à conserver ses fonctions. « Étranges magistrats que la loi est obli» gée de garder à vue, pour ainsi dire, et » d'attacher à leur chaise curule! L'infor» tuné curiale n'a pas même l'espoir d'é» chapper par la mort à la servitude. Sa » charge est héréditaire. La loi exige qu'il » se marie et 'lui élève des victimes. Les » ames tombèrent alors de décourage» ment. » Il faut lire dans le livre même ce sombre et magnifique tableau de l'agonie d'un monde.

On prononça le mot de liberté, mais l'empereur était impuissant pour le bien comme pour le mal. Il faut à cet empire un élément jeune et fort qui le renouvelle.

Au fond des tribus celtiques remue l'idée de la personnalité libre qui se résume dans Pélage. Mais le génie de cette race est impuissant à fonder. Il faut, pour le féconder, que de la Germanie lui arrive l'idée de la soumission féodale. Abandonné à lui-même, le génie celtique ne sait qu'enfanter le pélagianisme, et c'est au nom de la future civilisation des peuples que saint Augustin lui livre bataille. Laissez; il saura bien, quand son temps sera venu, prendre sa revanche par Descartes. Périsse, en attendant, l'église celtique qui ne conçoit pas l'unité, quand c'est par l'unité que doit revivre le monde. « Viennent donc les barbares! » Il y a, dans ce cri éloquent de l'historien, je ne sais quelle émouvante espérance des grandes choses qui vont suivre. Il semble que M. Michelet, effrayé lui-même du dépérissement de l'empire, soupire comme lui après ces hommes du Nord qui ont mission de renouveler la matière par l'épée et l'esprit par le christianisme. Le christianisme, entendons-le bien, et non pas une philosophie chrétienne : c'est le dogme chrétien lui-même qu'il faut à la soif de l'humanité. Arrière donc les Goths, les Huns et les Burgundes, tribus ariennes. Pour ceux-ci l'Italie ou la Germanie, pour ceux-là l'Espagne ou l'Afrique; aux Francs la Gaule, et par elle le monde.

L'église donne l'un et l'autre aux Francs. Le fait important du règne de Clovis, c'est que le barbare reconnaît dans l'Église le droit illimité d'asile et de protection, magnifique contrepoids à l'épée de la conquête : les barbares ont rajeuni la Gaule, les évêques y mettent l'ordre.

Clovis meurt; chacun de ses fils prend avec sa part de l'armée le lambeau de terre que ses soldats occupent; c'est toute la géographie de ce temps-là : le peuple est dans l'armée et le royaume dans le camp. L'Église, quoique limitée encore par l'indépendance barbare, prend déjà force dans l'avenir. Sa puissance ne tardera pas à passer du droit dans le fait. Sous son influence, les Francs sortis de la Germanie, se tournent contre celle-ci et battent leur mère. Plus nous irons, et plus nous les verrons accepter la mission d'arrêter et de refouler au-delà du Rhin le monde germanique.

Deux grandes divisions s'établissent, Neustrie et Ostrasie. A cette dernière appartient plus étroitement le devoir de faire face aux tribus envahissantes, tout en se recrutant par leurs émigrations partielles. Elle a toutefois cela de commun avec la Germanie, qu'elle hait dans la Neustrie l'influence romaine. Elle la hait si bien, que lorsqu'il arrive à Brunehaut de se faire un appui de cette influence, elle abandonne sa cause, et c'est alors que la Neustrie l'emporte.

« La Neustrie, a dit l'historien, résista
» sous Frédégonde; sous son fils elle vain-
» quit. Victoire nominale si l'on veut,
» qu'elle ne devait qu'à la haine des Ostra-
» siens contre Brunehaut, victoire des vieil-
» les races, des Gaulois romains et des
» prêtres. »

La Neustrie perdit sa supériorité, mais l'Église garda la sienne. Refuge immense des vainqueurs et des vaincus, elle offrit aux uns un asile contre leurs passions, aux autres contre leurs oppresseurs.

L'Église transformait ainsi tout ce qui venait à elle, mais en s'altérant elle-même. Le serf devenu prêtre garde les vices du serf, le barbare qui se fait évêque reste violent et sensuel. Le christianisme allait devenir une religion matérialiste, si le spiritualisme ne se fût hâté de se réfugier dans les moines. Une réforme est nécessaire. Elle viendra d'abord du monde celtique. Saint Colomban passe d'Irlande en Gaule. Mais avons-nous oublié que le génie celtique ne comprend pas l'unité et l'obéissance qui est la condition de l'unité? Saint Colomban réveille le monde qui s'endort; un autre se présentera, qui saura mieux le discipliner. Saint Benoît assouplit les âmes par le travail, au lieu de les exalter par le mysticisme.

Impuissante à fonder l'unité, l'Église celtique ne l'est pas moins à arrêter la dissolution de la monarchie carlovingienne. Elle commence avec Dagobert II. Alors apparaissent dans l'histoire les maires du palais, magistrats populaires selon les uns, ministres de la royauté selon les autres, ses héritiers du moins.

La famille de Clovis traîna encore le vain titre de roi dans l'obscurité de quel-

que monastère. « Qui donc, s'écrie M. Mi-
» chelet, à coupé leurs nerfs et brisé leurs
» os à ces enfans des rois barbares? »
C'est l'entrée précoce de leurs pères dans
les richesses et les délices du monde romain qu'ils ont envahi.

Si les Mérovingiens sont retenus violemment dans l'Église, les Carlovingiens y entrent volontairement, ou plutôt, c'est dans son sein qu'ils ont pris naissance. Si Ébroïn qui organise aristocratiquement la Neustrie, réussit dans son projet, la féodalité politique arrive avant le temps; il faut pour la préparer une sorte de féodalité épiscopale. L'Ostrasie reparaît sur la scène, ayant à sa tête la puissante maison de Metz, centre royal de cette féodalité cléricale.

Toutes les fois que l'Orient apparaît à l'Occident, les chroniques se passionnent, et l'épouvante des peuples prend elle-même quelque chose de l'exagération orientale. C'est ainsi qu'on a fait grand bruit dans l'histoire de la bataille de Vouillé. Là cependant n'est pas la gloire de Karl-Martel. Ses hommes d'armes n'eurent affaire qu'au dernier flot de l'invasion musulmane, tandis qu'à l'Occident l'invasion germanique était plus imminente que jamais. La gloire de Karl fut de l'avoir contenue et d'avoir commencé en Saxe l'œuvre de Charlemagne.

La conquête pacifique que Saint-Boniface essaya en Saxe au nom de Rome, donna le temps à Pepin de tenter en Italie un essai de puissance pontificale, et d'aller combattre en Aquitaine la race ibérienne qui, descendue de ses montagnes, était venue jusqu'à la Loire, pour réclamer son droit d'aînesse dans la Gaule.

Charlemagne, à son avénement, trouva les peuples affaiblis par leurs luttes. Deux nations seules étaient debout, les Aquitains et les Francs d'Ostrasie; mais les Saxons allaient se réveiller. Les Francs à la longue devaient l'emporter. Plus unis que les Saxons, moins capricieux que les Aquitains, ils étaient mieux disciplinés que les uns et les autres. Ce qui jette un immense éclat sur ce règne de Charlemagne, c'est d'abord ce grand nom de l'empire romain dont il ressuscite l'ombre; puis encore c'est de voir le César nouveau apparaître chaque printemps, tantôt sur les bords du Véser, tantôt au pied des Pyrénées, et l'hiver, s'entourer de savans étrangers pour renouveler les arts, fonder ou plutôt réformer les lois. Mais il y avait un principe inévitable de dissolution dans cette agglomération forcée de peuples qui faisait sentir aux Francs de la Loire les revers des Francs d'Ostrasie. L'ordre n'était que dans les capitulaires, le désordre était dans l'empire. C'est que les races n'étaient pas assez mêlées pour que de leur fusion naquît la nationalité française. D'ailleurs toutes n'étaient pas encore venues.

Je voudrais pouvoir emprunter à l'historien le magnifique chapitre où il raconte la dissolution de l'empire carlovingien. Rien de mélancolique comme cette pâle figure du Débonnaire, pauvre vieux Léar, qui, parmi ses enfans, ne rencontre pas même une Hédelmone. C'est une loi de l'histoire : « un monde qui finit se ferme et s'expie par » un saint. Louis-le-Débonnaire est le Saint- » Louis du XIe siècle ». Puis vient la lamentable tragédie de la confession du pauvre roi.

Nous ne suivrons pas l'historien dans le tragique récit de ces querelles intérieures, qui n'étaient, après tout, que celles des peuples violemment rapprochés par la volonté de Charlemagne. Le grand fait de cette époque, c'est l'invasion normande, le dernier élément extérieur de la France. Mais il fallait que cet élément entrât avec mesure dans la fusion intime du monde gallo-germanique, et il menaçait d'y tout envahir. La France carlovingienne, par la nécessité de son origine épiscopale, avait insensiblement laissé tout le pouvoir aux évêques. Or, c'était bien pour défendre le dogme contre la pénétrante logique du Saxon Gotteschalk, et les périlleuses apologies de l'Irlandais Jean Scott, non pas pour défendre la Gaule contre les flottes danoises. Charles-le-Gros a beau réunir l'empire de Charlemagne, et se parer de ce magnifique titre d'empereur, c'est sous son règne que les Normands s'en viennent assiéger Paris. Le salut de la Gaule n'est donc ni dans les évêques impuissans à la défendre, ni dans les princes qui ont tout donné aux évêques. Il est dans l'énergie des résistances isolées qui s'organisent sur tous les points. Il est dans la féodalité qui débute par des victoires et se légitime d'avance en sauvant la nationalité future de la France. En 859, les seigneurs avaient empêché le peuple de s'armer contre les Normands; dix ans après, ce sont eux qui arment le peuple. Les Normands refoulés se découragent, et se résignent au repos; ils renoncent au brigandage, et demandent des terres où ils s'établissent.

Dès ce moment, la France prend de la consistance. Tous les germes sont en elle, tous les élémens sont entrés dans son sein; elle va se fermer pour les élaborer à loisir et les féconder. Toutes ses frontières s'arment tour à tour de redoutables seigneuries féodales.

A cet ordre nouveau il faut un chef; les Capets lui viennent de l'Anjou, qui garde ses Plantagenets à l'Angleterre. Long-temps encore ce chef n'aura guère plus d'importance qu'un duc ou un comte; mais laissez faire au temps, et cette pâle figure du roi capétien s'animant par degrés, le pouvoir viendra là où déjà est la couronne. En attendant, le pouvoir s'éparpille et se divise. La terre absorbe l'homme; la loi était personnelle, elle devient territoriale. L'histoire s'enferme dans la géographie, ou plutôt la simple géographie est toute l'histoire.

C'est précisément là où l'histoire n'est plus qu'une forte et puissante géographie, que M. Michelet se fait géographe pour comprendre, tout en restant peintre pour raconter. Là commence véritablement l'œuvre nationale. Tout ce qui précède n'est qu'une magnifique introduction à la France, et si dans le rapide et pathétique récit de l'historien il reste encore quelque chose de la sombre confusion de l'époque, il y a dans cette confusion même une sorte de grandeur et de fécondité sauvages.

C'est le chaos où le monde s'essaie à revêtir plusieurs formes avant de se produire. L'an 1000 est l'ère de la création nationale, et sa forme première, c'est le système féodal, dont la géographie est, à cette époque, la représentation extérieure.

L'historien monte au sommet des Vosges ou des Pyrénées, et regarde à ses pieds les fleuves qui coulent vers l'Océan ou la Méditerranée, étreignant dans leurs mille replis les originalités provinciales dont chacune portera sa part de génie au grand œuvre de la nationalité française. Ici l'aînée de la monarchie, cette Bretagne celtique, âpre et dure comme le peuple qu'elle tient attaché à ses landes stériles, et endormi à l'ombre de ses pierres druidiques, race d'humeur indocile, de résistance indomptable, sous une nature morne et froide; tout à côté le Maine, l'Anjou, la Touraine, molles et sensuelles contrées que la chevalerie a trouvées toutes prêtes pour le culte de la femme; puis, en remontant la Loire, Orléans, la ville sérieuse, la ville du droit; et de l'autre côté de cette belle Loire, le Poitou, ce champ de bataille du Nord et du Midi, qui n'a de caractère que celui qu'il se forme de tous les autres; le Poitou, route des tribus ennemies, où viennent se heurter contre les rapides cavaliers de Mahomet les lourds hommes d'armes de Karl-Martel, en attendant que le Coeur-de-Lion lui apporte la guerre à lui-même pour don de joyeux avènement; guerres religieuses ou guerres parricides, qui laissent également après elles sur les champs de bataille qu'elles se mesurent, le scepticisme et l'immoralité, le goût de la guerre pour elle-même. Là naîtront, en leur temps, ces bons troubadours, ces bons chevaliers qui, à l'exemple de Guillaume VII, courent long-temps le monde pour *tromper les dames*, et ces libres penseurs qui, à l'instar de Gilbert de la Porée, partagent avec Abailard sinon la gloire, du moins la lutte. Passez la sombre ville de Saintes et les belles campagnes de l'Angoumois, et, à travers ces populations honnêtes mais timides et lourdes, groupées sous les châtaigniers ou attachées aux rochers granitiques du haut Limousin, à travers les races plus vives, plus remuantes du bas Limousin, percez jusqu'à l'Auvergne : dans ce pays froid sous un ciel déjà méridional, vous comprendrez cette ame souffrante de Pascal où apparaît si merveilleusement le combat du doute et de la foi.

Mais n'arriverons-nous donc jamais dans le véritable Midi? N'entendrons-nous pas enfin cette langue sonore de Toulouse, le centre véritable du Midi? L'historien touche à peine à cette riche vallée de la Garonne que déjà les Pyrénées le tentent. C'est du haut des Pyrénées qu'il abaisse les yeux sur la Provence, qu'il peint ses tribus pétulantes et emportées, autant que celles de la Guyenne sont vives et légères. Mais je m'épuise vainement à résumer en pâles formules ce tableau si pittoresque et si neuf de la vieille France. Là, l'homme n'apparaît sur le sol que comme un fruit indigène, vivante image de la terre qui le porte, et l'histoire est le symbole éternellement mobile de l'un et de l'autre.

Oh! ce sera un magnifique spectacle que celui de toutes ces provinces que le temps va dépouiller l'une après l'autre de leurs costumes divers et au sein desquelles il endormira chaque jour un des mille instincts jaloux de leur défiante personnalité. Ce spectacle, c'est l'histoire qui nous le donne.

A cette œuvre puissante de l'unité nationale, la conquête ne suffit pas, mais la conquête la commence. Qui donc fera le reste? La vive et rapide sympathie du génie gallique demeuré invincible à la dure personnalité des races qui sont venues successivement se mêler à la sienne : il saura bien retrouver dans les montagnes le chemin que lui a fait la hache du conquérant.

Nous avons fait à la fatalité une part dans l'histoire, faisons aussi la sienne à la liberté. La fatalité, c'est dans le sol qu'elle germe, c'est dans la pensée providentielle qu'elle se manifeste; la liberté, c'est dans l'homme qu'elle se développe. Nous avons décrit le sol, et on a vu s'y grouper les hommes.

L'œuvre de la France depuis l'an mil, c'est, avons-nous dit, la création de sa nationalité. Comment se forme cette nationalité? Le système féodal est organisé, qu'est-ce à dire? que dans le grand bassin de la France, toute province, et dans chaque province, tout château vit de sa vie propre. Mais toutes ces souverainetés isolées regardent la terre, s'attachent à la terre; où est l'unité? d'où viendra l'unité? Il y a dans le centre de la France un seigneur qui n'est que l'égal des seigneurs. c'est le roi; là est le droit, la force y viendra, et de l'union du droit avec la force naîtra l'unité politique. La république féodale marche à la monarchie, mais la société qui tend par la loi de son âge au matérialisme, ne remonte qu'indirectement au spiritualisme par l'unité politique. L'unité morale où est-elle? Il y a république aussi parmi les évêques, et république féodale : cela veut dire matérialisme dans l'Eglise. Nous avons vu dans d'autres temps le spiritualisme se réfugier dans les moines; nous allons le voir remonter au cœur de l'Eglise, et l'Église incliner à la monarchie pontificale, comme l'État à la monarchie politique. Le moine Hildebrand la résume en lui; mais là comme ici, il y a lutte, il y aura victoire. Hildebrand réforme l'Église et la ramène à l'austérité primitive. Il a fait de l'Église une monarchie : c'est peu, si dans cette monarchie il n'enferme le monde. Or, cette initiation commune des nations chrétiennes, c'est la Croisade. La Croisade est la première forme sous laquelle se produit la pensée de la France. Mais elle n'ira pas long-temps, cette pensée, où le pape veut la conduire. Il la menait à l'unité de croyance, et la voilà qui court à la liberté. Un instinct commun, la haine de l'Orient et de ses religions, rallie les provinces contre les religions de l'Orient et contre l'Orient. Éprouvées par toutes les calamités de la guerre lointaine, elles trouvent une sorte de lien commun dans le sentiment de leurs communes infortunes, se reconnaissent et se tendent la main. Laissez-les revenir dans l'Occident, et vous verrez comme le droit de la royauté arrivera aisément à leur intelligence. Mais tout en travaillant à établir la royauté, les peuples ont entrevu la liberté. Ainsi de ces grandes expéditions de la Croisade que, jusque dans le siècle dernier, on a représentées comme l'œuvre exclusive du fanatisme, date le premier élan de l'émancipation du peuple; il date d'elles, et par elles il s'accomplit. Il faut voir se dérouler, dans le livre de M. Michelet, les phases successives de ce grand bienfait de la Croisade. Le principe auquel les communes obéissent d'instinct dans l'ordre politique, Abailard le pose hardiment dans l'école qu'il affranchit par la dialectique, tandis que par l'amour pur et désintéressé, son élève Héloïse émancipe la femme. Dès cette époque, la Vierge s'assied plus haut dans le ciel, et son culte devient populaire. Reine là-haut, la femme règne bientôt sur la terre.

Avec cette ère d'affranchissement universel, coïncide la première rivalité de la France et de l'Angleterre. Tout-à-l'heure le combat était entre la France et la Normandie. Le bâtard passe le détroit, et la lutte s'établit désormais entre l'Angleterre et la France. Si vous regardez aux hommes, la première triomphera, car ses rois ont la taille héroïque, et ils marchent l'épée au poing. Mais si grand qu'il soit, le Normand n'est qu'un homme, et le roi de France est une idée. « Expression générale
« d'une diversité immense, symbole
» d'une nation tout entière, plus il la re-
« présente, plus il semble insignifiant;
» la personnalité est faible en lui :
» mais il vit dans l'universalité, dans le

» peuple, dans l'Église fille du peuple. »
Dans l'Église! entendez-vous bien; mais
l'Église où est-elle? Est-ce encore le pape qui
représente la sainteté du christianisme?
Ah! je crains fort qu'il n'ait perdu dans
sa victoire quelque chose de son caractère sublime. Sortie des évêques, la sainteté du christianisme s'était magnifiquement personnifiée dans le pape; sortie
du pape, elle redescend dans la république catholique. Le pape c'est pour
la chair Alexandre III, mais pour l'esprit
c'est Thomas de Kenterbury. Il y a bien
aussi dans l'ame de ce martyr un instinct
confus de résistance saxonne, mais il y a
surtout la volonté sainte de défendre les
libertés de l'Église : c'étaient alors celles
du monde. Augustin Thierry en avait fait
un saint saxon; M. Michelet va plus loin :
dans le héros populaire, il a entrevu le
champion de la liberté universelle.

Avec les armes de la France, le pape a prévalu sur l'Allemagne, sur l'Angleterre, sur le Midi hérétique. Mais toute cette grandeur venue du roi de France retourne au roi de France : il a été prouvé au monde qu'il ne suffisait plus de l'autorité morale pour le mener.

« La face du monde était sombre à la fin
» du douzième siècle. » L'ordre ancien
» était en péril, et le nouveau n'avait pas
» commencé. Au temps de Grégoire VII, l'E-
» glise avait le dépôt de la liberté. Elle avait
» soutenu ce caractère jusqu'au temps d'A-
» lexandre III. Mais Alexandre lui-même
» n'avait pas osé appuyer Thomas Becket, il
» avait défendu les libertés italiennes et
» trahi celles de l'Angleterre. Ainsi l'Église
» allait s'isoler du grand mouvement du
» monde. » La fin de tout ceci, c'est que le pape perd sa foi en lui, et que de lui le doute descend sur le monde. C'est le

réveil du *moi* philosophique; dans les écoles, le *moi* se produit sous forme logique, et sous forme religieuse, éclatent, aux Alpes et sur le Rhin, le rationalisme vaudois, le mysticisme allemand. Qu'on lise à ce sujet les belles pages de M. Michelet; la poésie de notre siècle n'aura pas laissé de sa grandeur nouvelle de témoignage plus magnifique.

Désormais la véritable Croisade est au sein même du christianisme. Ceux que l'héroïsme individuel d'un Cœur-de-Lion entraîne à Jérusalem, ne veulent plus de l'Orient que ses délices, et il faudra toute la vertu de saint Louis pour faire encore quelque chose de grand de la Croisade d'outre-mer.

Ici dans la société chrétienne une révolution nouvelle. Nous avons vu la sainteté du christianisme descendre du pape à un simple évêque. La voilà qui sort de l'Église elle-même pour entrer dans la royauté : Grégoire VII, Thomas Becket, saint Louis. Encore un pas, et il faudra bien la saluer dans le peuple, Jeanne d'Arc! Toutes les victoires du pape ont tourné contre la papauté, et la dernière plus que toutes les autres. Celle-là, il l'a remportée sur le mysticisme indépendant, mais en faisant appel au mysticisme lui-même : c'était au mal opposer le mal. La pensée de l'homme une fois livrée à l'inspiration, qui pouvait se promettre de faire taire l'inspiration dans la pensée de l'homme?

Mais c'est dans l'art surtout que cette inspiration se manifeste. Si saint Louis est à la fois le plus sublime idéal humain du moyen âge et le dernier, l'art aussi en est le dernier mot et le plus profond. Après saint Louis et les cathédrales gothiques, il faut regarder vers l'avenir; car un nouveau monde se lève à l'horizon des temps, et le passé se meurt d'épuisement, qu'il nous ait dit toute sa pensée dans *la Divine Comédie*, ou qu'il s'en aille avec une partie de son secret, inachevé comme la cathédrale de Cologne.

Qu'est-ce donc que l'art au moyen âge?

La pensée de l'art au moyen âge, c'est la pensée même du moyen âge, en d'autres termes, c'est le christianisme : or le christianisme est tout entier dans la *passion*. L'art, c'est la passion, passion volontaire et consentie, *action qui souffre*. Du treizième au quinzième siècle, tout est là, les larmes intarissables et le génie profond du moyen âge.

Deux poésies traversent le monde à cette époque : l'une vient des entrailles du paganisme, l'autre du pied de la croix; l'une réfléchit la passion humaine, l'autre la passion divine; celle-là s'épanouit avec splendeur dans le poème de la chevalerie, celle-ci se résume avec puissance dans les gigantesques poëmes de l'architecture gothique. La première est condamnée à mourir, car elle n'a rien à enseigner au monde. Elle a pris l'humanité faible, et n'a su conduire l'homme qu'aux pieds de la femme; puis, lorsque, de transformations en transformations, elle est arrivée où l'autre avait commencé, elle a trouvé que celle-ci s'était à sa manière emparée du monde et lui avait imposé sa langue, l'architecture. L'architecture du moyen âge a raconté le christianisme tout entier. Simple et austère d'abord comme le premier élan de la passion, bientôt elle creuse la pierre et la tourmente, elle divise et subdivise, à l'image de la scolastique. Qu'est-ce donc que l'art cherche ainsi? Hélas! l'humanité a tant remué ses douleurs dans sa grande ame, qu'au fond de l'idée de Dieu, elle s'est retrouvée elle-même. Cette pensée qui la brûlait c'était le doute, cet amour impuissant qui la consumait, c'était la science, héritière de la foi. C'est là l'histoire du monde et aussi celle de l'art.

Avec le moyen âge, l'art est-il mort? Demandez donc si la passion est morte, ou si plutôt, avec le doute, elle n'est pas devenue plus intime, plus profonde! le vieux monde s'en ira avec le monde romain, avec le monde grec, mais le christianisme s'en ira-t-il aussi? « Ah! s'écrie l'éloquent
» historien, je me fie, pour le christianisme
» et pour l'art chrétien, dans ce mot même
» que l'Église adresse à ses morts : Qui
» croit en moi ne peut mourir. Seigneur,
» le christianisme a cru, il a aimé, il a
» compris; en lui se sont rencontrés Dieu
» et l'homme. Il peut changer de vête-
» ment, mais périr, jamais; il se transfor-
» mera pour vivre encore, il apparaîtra

» un matin aux yeux de ceux qui croient
» garder son tombeau, et ressuscitera le
» troisième jour. »

Je n'ai voulu marquer dans cette rapide analyse que l'enchaînement des idées de ce grand livre. Cette esquisse n'en laisse soupçonner ni le mouvement lyrique, ni le pittoresque développement. M. Michelet a donné ailleurs l'abrégé des faits de son immense récit, restait à marquer la progression des idées, et j'ai tenté de le faire.

FIN DE L'APPENDICE

MÉLANGES HISTORIQUES.

I.

LA SORBONNE.

LA SORBONNE.

Au mois d'octobre 1832, il a été écrit au-dessus d'une porte, sur la place de Sorbonne : Église constitutionnelle de France. Le jour où cette ridicule inscription est venue paisiblement se graver en face de la Sorbonne, celle-ci avait cessé de vivre. Son histoire désormais commencera par son oraison funèbre.

Mais dans l'enceinte même de ce temple de la théologie, a pris naissance une Sorbonne littéraire et philosophique, qui a continué, au nom de la pensée et de la raison, l'empire que la première exerça trop souvent hélas! sur les hommes, au détriment de la raison et de la pensée. Aussi, quand nous avons entrepris de remonter jusqu'au règne de saint Louis, pour demander ensuite à l'histoire la part que, dans chaque époque, elle a faite à la science théologique, une espérance lointaine nous soutenait dans nos recherches. Si quelquefois nous sentions notre courage défaillir, venait à nous la pensée de cet heureux progrès des temps qui a changé la Sorbonne en une école de libre savoir et de populaire éloquence, et sa chaire délaissée en une puissante tribune pour les idées nouvelles.

Si vous allez par hasard visiter les thermes de Julien, quand vous serez sorti par l'hôtel de Cluny dans la rue des Mathurins, suivez l'étroite et longue rue qui se présente. L'édifice qui s'allonge tristement sur la gauche, jusqu'à l'église qui le termine, se nomme la Sorbonne.

Robert, né le 9 octobre 1201 au village de Sorbon, dans le diocèse d'Amiens, prit le nom de son village, et le donna à l'école qu'il fonda. Cependant, au mois de juillet 1748, une voix s'éleva pour revendiquer en faveur de Robert de Douai, médecin de Marguerite de Provence, la gloire de cette institution, et l'on crut un moment que la faculté de théologie allait avoir son Améric-Vespuce. Le *Mercure de France* fut le champ de bataille où se rencontrèrent Piganiol de la Force et l'abbé Ladvocat. La victoire demeura à Robert Sorbon, et au médecin de Marguerite de Provence l'honneur de s'être associé à l'exécution de l'entreprise. Robert s'était acquis par sa science et son talent une haute réputation. « Or, advint par » une fois, dit le sire de Joinville, que » pour la grant renommée qu'il oyt (saint

» Louis) de maistre Robert de Sorbon,
» d'être preudoms, il le fit venir à lui, et
» boire et manger à sa table. » Ce fut
donc à la cour de saint Louis que maistre
Robert conçut le dessein de son institution.
Se voyant si haut placé, lui venu de si
bas, il se souvint de ses humbles amis d'enfance que la fortune n'avait pas faits assez
riches pour aspirer à la science, et il eut
la généreuse pensée d'ouvrir aux pauvres
une école où ils n'eussent à apporter d'autre richesse que le talent.

« Le saint roy, dit encore Joinville, fut
» ung jour de Pentecouste à Corbeil, ac-
» compagné de bien trois cents chevaliers,
» où nous estions maistre Robert de Sor-
» bonne et moy. Et le roi après disner se
» descendit au praël dessus la chapelle, et
» ala parler au comte de Bretaigne, père
» du duc qui à présent est, de qui Dieu
» ait l'ame. Et devant tous les autres me
» print ledit maistre Robert à mon man-

» tel, et me demanda, en la présence du
» roy et de toute la noble compaignie :
» — Savoir mon, si le roi se seoit en ce
» praël, et vous allissiez seoir en son banc
» plus hault de lui, si vous en seriez point
» à blasmer? auquel je répondis que oui
» vraiement. — Or, doncques, fist-il,
» faites-vous bien à blasmer quant vous
» estes plus richement vestu que le roi? et
» je lui dis : — Maistre Robert, je ne vois
» mie à blasmer, sauf l'honneur du roy et
» de vous; car l'habit que je porte, tel
» que le voyez, m'ont laissé mes père et
» mère, et ne l'ay point fait faire de mon
» auctorité. Mais au contraire est de vous,
» dont vous estes bien fort à blasmer et à
» reprendre; car vous qui estes fils de vil-
» lain et de villaine, avez laissé l'ha-
» bit de voz père et mère, et vous estes
» vestu de plus fin camelin que le roy n'est.
» Et lors je prins le pan de son surcot et

» de celuy du roy, que je jongny l'un près
» de l'autre, et lui dis: Or regardez, si j'ay
» dit voiz. » Le roy vint au secours de
son chapelain; mais quand celui-ci se fut
éloigné, il appela les princes, ses fils, et le
sire de Joinville qui ajoute: « Et lors, il me
» va dire qu'il nous avoit appelés pour se
» confesser à moy de ce que à tort il avoit
» défendu et soustenu maistre Robert con-
» tre moy. » Ainsi il resta prouvé que le
fondateur de la Sorbonne étoit vêtu de
plus beau drap que ne l'étoit saint Louis.
Mais il fit un trop noble usage de ses richesses pour que la postérité ait à lui en
demander compte.

Nommé chanoine de Cambray en 1251, Robert créa, peu d'années après, la congrégation de la Sorbonne, dont il ne fixa les statuts qu'après dix-huit ans d'expériences et d'essais. Il acheta ou reçut, à titre de don, des mains de saint Louis, quelques maisons situées dans la rue Coupe-Gueule, qui prit le nom de rue des Deux-Portes, quand le roi eut permis au théologien d'en fermer les deux avenues. Cet emplacement avait été jadis occupé par les écuries de la cour. Plus tard nous verrons les arts s'en emparer pour ne le céder qu'à la nouvelle université. Les philosophes ont cherché l'histoire de la civilisation dans la transformation des idées et des passions de l'homme; l'artiste, la retrouverait tout aussi bien dans la métamorphose successive des monumens qu'elles ont élevés. Marmontel eut un jour la pensée d'écrire l'histoire de son temps d'après les affiches étalées sur les murs.

La Sorbonne ne fut dans l'origine qu'un collége où d'habiles professeurs donnaient gratuitement à des écoliers choisis l'enseignement de la théologie et des arts. Ici, comme dans la société d'alors, les arts n'eurent que la seconde place. Il fallut plusieurs siècles pour que cet ordre fût interverti.

Les disciples de Robert trouvèrent dans sa maison trente-six chambres ouvertes à la science et au talent. Le nombre en est exact, si l'on en croit un vieux registre dans lequel il est parlé de trente-six couverts d'argent pour le service journalier des repas. Par quel noviciat arrivait-on à l'une de ces chambres? Ceux qui s'y présentaient à titre d'*hôtes* (*hospites*), après le titre obtenu de bachelier, soutenaient une thèse appelée *Robertine*, que suivait l'arrêt décisif d'un triple scrutin. Nourris et logés dans la maison, ils pouvaient étudier dans la bibliothèque, mais sans en avoir la clef : c'était le privilége des *associés* (*socii*). A toutes les épreuves des premiers, ceux-ci devaient avoir ajouté le bienfait d'un cours gratuit de philosophie, qui, plus tard, fut remplacé par une seconde Robertine. Ceux d'entre les *associés* dont le revenu annuel ne s'élevait pas à 40 livres parisis recevaient chaque semaine une bourse de cinq sols et demi (6 francs de notre monnaie), qui cessait de leur être payée le jour où ils avaient les quarante livres. Robert ne ferma pas aux riches les portes de la Sorbonne, mais il exigea d'eux précisément la somme qu'il donnait aux pauvres maîtres; heureuse idée, qui fit de la science une richesse pour l'indigent, et pour le riche un privilége assez précieux pour être acheté!

La Sorbonne grandit vite au milieu de la société chrétienne, qui commençait déjà à sentir le besoin de se rendre compte de ses croyances. La société ne songe nullement encore à secouer le joug, mais la parole isolée du prêtre devient insuffisante, et à la majesté du sacerdoce les esprits veulent trouver unie l'autorité de la science. On vit des princes prendre Robert pour arbitre ou pour conseil, et les oracles que les têtes couronnées demandaient à Robert, les peuples venaient humblement les recueillir de la bouche des théologiens de son école. Aussi le fondateur avait-il impérieusement exigé qu'il y eût, à toutes les époques, dans la société, un certain nombre de docteurs voués à l'interprétation de la loi évangélique, dans ses applications aux choses vulgaires de la vie. Telle fut l'origine des casuistes.

Les richesses arrivèrent à la Sorbonne en même temps que la renommée. Robert, par son testament, daté du jour de la Saint-Michel 1270, légua à la maison une partie de ses biens; elle reçut le reste des mains de Geoffroi de Barro. Ce fut le signal des donations qui, de toutes parts, vinrent grossir le trésor de la faculté. Il sera permis désormais de sourire lorsqu'on lira sur quelques manuscrits : *Ce livre appartient aux pauvres maîtres de Sorbonne.*

La Sorbonne eut dès l'origine une bibliothèque. Trente-sept ans après la fondation, elle s'élevait déjà à mille volumes ; deux ans plus tard, il fallut recommencer le catalogue, et de 1292 à 1338, il fut acheté de livres pour 3,812 livres 10 sols 8 deniers, somme considérable pour le temps ; c'était alors la plus belle bibliothèque qu'il y eût en France. Ses livres les plus rares demeuraient enchaînés dans leurs tablettes, et, suivant le précepte des sages de l'Orient, se communiquaient à tous, mais ne se livraient à personne. Dans le catalogue, chaque livre avait son prix, sa chronique, et presque sa légende.

L'enseignement de la théologie une fois organisé, Robert se souvint des arts, et ayant acheté de Guillaume de Cambrai une maison voisine de la sienne, il y fonda, sous le nom de Calvi, un collége pour les humanités. Ce collége de Calvi, succursale à demi profane de sa sœur la théologienne, eut aussi ses docteurs et ses maîtres jusqu'en 1636, époque à laquelle il fit place à l'église qui existe encore aujourd'hui.

Quand il eut ainsi achevé son œuvre, Robert la mit sous le patronage de Rome et la protection de saint Louis, et mourut saintement à Paris, le 15 août 1274. Une seule pensée avait rempli sa vie : ses yeux ne se fermèrent qu'après l'avoir vue magnifiquement réalisée.

Arrêtons-nous ici un moment pour revenir sur nos pas, et laissant les écoliers de l'université, établie dès le douzième siècle, se presser tumultueusement dans la double école des pauvres maîtres, essayons d'embrasser dans son ensemble l'imposante création de Robert. Hâtons-nous d'y signaler deux bienfaits qu'on n'a pas assez remarqués, et qui l'un et l'autre profitèrent dans le même sens à la civilisation et à la science.

La Sorbonne fut le premier collége où des séculiers vécurent et enseignèrent en commun. Toutes les branches de cet enseignement ecclésiastique aboutissaient, il est vrai, à l'unité du dogme catholique. Mais là du moins le christianisme se présentait dans sa pureté primitive, et échappait au faux alliage, toujours inséparable des traditions d'un corps qui a sa loi et son Évangile à côté de la loi et de l'Evangile de la foule. Que plus tard la philosophie s'épouvante à la pensée de cet enseignement, demeuré le même quand tout a changé dans la société, je le conçois, mais au temps dont nous parlons, c'était une innovation et un progrès. C'est ainsi que toute institution nouvelle fondée sur un instinct social, puissante d'abord parce qu'elle regarde l'avenir, est condamnée par la loi de l'histoire et du temps à voir cet avenir devenu passé lui-même, et se fait ruine à son tour.

En second lieu, un principe fécond dans l'institution de la Sorbonne, c'est l'égalité parfaite établie entre ses membres, égalité qui, en la défendant à l'origine des emportemens de l'esprit de corps, permit aux doctrines les plus diverses de prendre naissance dans son sein, pour se répandre au dehors. Le chef que donna Robert à sa maison n'eut, avec le titre de *proviseur*, que l'administration matérielle de la communauté, et l'honneur de présider aux solennités des exercices théologiques. Chaque soir, les clefs de la maison lui étaient remises. Le *senior*, le *conscriptor*, autres dignitaires de la société, avec des attributions du même genre, n'avaient pas un pouvoir plus étendu. « Nous ne sommes » pas entre nous, écrivait un vieux sorbo- » niste, comme des docteurs et des bache- » liers, ni comme des maîtres et des disci- » ples; mais nous sommes comme des as- » sociés et des égaux. » De là donc l'ori- gine de ces doctrines qui, nées dans les écoles de la Sorbone, remuèrent tant de fois le monde philosophique, et firent jour à la pensée humaine, qui n'eut long-temps que cette forme pour se produire. Laissez- la grandir, la noble captive, sous ce man- teau de la scolastique, laissez-lui appren- dre lentement la langue du peuple, et vous la verrez un beau jour sortir des murs en- fumés de la rue des Deux-Portes, et de- mander asile tour à tour à la Poésie, à l'É- loquence, à la Métaphysique; car ici-bas la vérité ne peut guère que changer de masque. Lorsqu'elle se présente nue aux peuples sa parole bientôt les enivre, son regard les frappe de vertige, et le lendemain du jour où ils ont pris d'assaut les Bastilles, du pied ils renversent les temples.

Mais n'allons pas plus vite que le temps : cette Sorbonne, que vous verrez plus tard se soulever contre l'inoffensif Bélisaire, était alors la seule institution où pût se réfugier la liberté de l'esprit humain. Avant de frapper Clément Marot, l'insouciant poète, on la verra plus d'une fois se retourner contre les papes. N'oublions pas qu'entre Guillaume de Saint-Amour, le héros de l'une de ces croisades gallicanes, et les docteurs qui ne respectèrent pas le dernier malheur de Bélisaire, le monde a quatre siècles à vivre.

Maintenant il serait beau d'entrer hardiment dans l'école, d'interroger dans leurs chaires ces graves maîtres du treizième et du quatorzième siècle, qui élévèrent si haut d'abord l'autorité de leurs décisions, que l'on vit le moment où les regards du monde chrétien allaient se détacher de Rome pour se tourner vers la Sorbonne. Il faudrait la voir, cette Sorbonne, élevant la voix au milieu de toutes les grandes querelles du moyen âge, et, selon le caprice de ses décrets, jeter le Vatican dans Avignon, ou le saluer dans Rome, toujours sûre d'entraîner la France dans la cause qu'elle nommait la sienne; tantôt arbitre redoutable, dont la parole est exigeante et hautaine, tantôt rivale impétueuse qui, dans l'emportement de sa doctrine, va presque jusqu'à l'hérésie; tour à tour se livrant à Rome avec le redoutable arsenal de sa science, ou laissant entrevoir quelque chose de cet instinct de liberté qui doit plus tard aboutir au gallicanisme. Mais, dès cette époque, la toute-puissance de la Sorbonne la jetait dans des voies nouvelles. Ce n'est pas impunément qu'un corps religieux entre dans le siècle et prend sa part des ambitions humaines. Si la France du quatorzième siècle se dérobe un moment à la souveraineté des papes, c'est que ses théologiens l'ont familiarisée avec la pensée du schisme ; si plus tard il se rencontre dans le camp des Bourguignons dix-huit assassins pour frapper au cœur le duc d'Orléans, Jean de Bourgogne sait bien où il trouvera un Jean Petit pour le défendre ; et à l'heure où comparaîtra devant un tribunal inique Jeanne d'Arc, accusée d'avoir sauvé la France, regardez bien au front de ses juges : la Sorbonne en compte seize parmi eux. Cette Sorbonne, j'aurais voulu vous la montrer jetant la première, du haut de ses chaires, le cri d'alarme du christianisme à l'apparition des jésuites, puis, subjuguée par leurs doctrines, absolvant, comme eux, le poignard tombé tout sanglant du flanc de Henri III. La réforme une fois vaincue par les armes et se dépouillant du manteau huguenot, vous auriez vu la Sorbonne se prêter avec une merveilleuse souplesse à toutes les métamorphoses de son ennemie, et, attaquée avec la plume à défaut d'épée, se défendre avec les censures à défaut de bûchers : mais, pour enregistrer ses arrêts, la philosophie n'a que le ridicule, tandis que la Sorbonne a souvent pour arrière-garde le parlement et les gens du roi.

Voilà quelle tâche je m'étais d'abord imposée, ignorant, non l'insuffisance de mes forces, mais la grandeur de mon sujet. J'entrai donc témérairement dans le moyen âge ; mais à mesure que j'avançais, cherchant à retrouver une à une tant de naïves ou de tragiques physionomies, pour les replacer vivantes dans le tableau de leur époque, je voyais insensiblement se grouper autour de ces simples docteurs toutes les questions apportées au monde ou rajeunies par l'âge où ils ont vécu. En présence d'un si grand spectacle, j'ai dû me taire. D'ailleurs notre savant maître, notre éloquent ami, M. Michelet, saura bien les faire revivre dans son *Histoire de France*, ces temps féconds, où la théologie apparaissait sur les champs de bataille, comme plus tard la philosophie : à lui donc cette part de l'œuvre, la plus haute, la plus noble! à lui les jours épiques de la Sorbonne; je n'en réclame que la vie anecdoctique et littéraire.

Vers l'année 1450, l'imprimerie apparaît en Europe comme un magnifique contre-poids à la barbarie qui, trois ans plus tard, allait se montrer à l'Orient et s'établir dans Constantinople. Cette découverte de Guttemberg donna l'essor aux nations nouvelles; la prise de Constantinople ferme le moyen âge, l'imprimerie ouvre l'ère moderne. La civilisation a trouvé sa langue, et Mayence lui a forgé son épée. La prise de Mayence, arrivée le 17 octobre 1462, dispersa parmi les peuples l'art et les artistes. Venu à Paris en 1466, Fust y apporta la première *Bible* imprimée qu'on eût encore vue en France, la *Bible* à 48 lignes, la première qui porte une date, 1462. La bibliothèque de la Sorbonne attira ce trésor à elle, et en lui commença cette merveilleuse collection de *Bibles* qui s'éleva jusqu'à huit cents. Le Vatican n'en posséda jamais un aussi grand nombre. Chose étrange ! Fust, traqué dans Paris par six mille libraires, relieurs, parcheminiers, copistes, enlumineurs, dont l'art allait périr sans retour, accusé de magie par l'université, emprisonné par le parlement, n'échappa au feu, lui et ses livres, qu'en se livrant avec eux à la protection de

Louis XI. Louis XI, par une expiation involontaire de son despotisme, créa les postes, et vint en aide à l'imprimerie: permis à lui maintenant de s'enfermer dans Plessis-les-Tours, et de construire pour ses victimes des cages de fer dans la Bastille!

Cependant les typographes, persécutés à Paris, allèrent porter à d'autres peuples les merveilles de leur industrie. Mais, en 1470, deux docteurs, Guillaume Fichet et Jean de Lapierre, appelèrent à eux Gering, Martin Crantz, et Friburger, trois ouvriers de Mayence; et, au sein même de la Sorbonne, on vit s'élever la première imprimerie établie en France : ce sont deux beaux noms dans l'histoire de l'esprit humain que ceux de Jean de Lapierre et de Guillaume Fichet.

Fille adoptive de Louis XI et de la Sorbonne, l'imprimerie fut une fille ingrate. De sa naissance à la réforme les idées allèrent vite, et Martin Luther naquit que Jean de Lapierre n'était pas mort.

Luther en effet commençait à remuer les âmes; la Sorbonne, fondée d'abord au profit de la science sous l'inspiration de la foi, par la loi même de son institution, avait rarement eu un corps de doctrines bien arrêté. L'apparition de la réforme le lui donna. Tel est le cours naturel de la civilisation. L'esprit d'une institution se formule rarement au temps de sa splendeur : c'est assez pour lui de régner paisiblement. C'est à l'heure du combat, c'est en face de l'esprit nouveau qui grandit et menace, que les institutions vieillies se résument en une merveilleuse unité, qu'elles se suscitent à elles-mêmes quelques intelligences d'élite habiles à recueillir en faisceaux les doctrines éparses du passé. C'est ainsi que la Sorbonne, à la venue de Luther, rallia autour d'un centre commun ses croyances de toutes les époques, sans se douter qu'avant un siècle elle allait elle-même dépasser la réforme en théories démagogiques. Condamné par une bulle de Léon X, Luther en appela de Rome à la Sorbonne: éclatant témoignage rendu à la majesté de l'institution. Si la Sorbonne, acceptant la haute position qui lui était offerte, eût consenti à tenir la balance entre le pape et le novateur, le gallicanisme, venu un siècle plus tôt, nous sauvait de la Ligue, et hâtait la rénovation sociale; mais l'esprit jeune et nouveau, qui se cache volontiers sous les vieux mots, se sert rarement des vieilles institutions. La Sorbonne eut peur de la gloire qui lui venait.

La traduction allemande de la *Bible* avait été pour la réforme un puissant auxiliaire. En 1515, Pierre Gringoire, le poète dramatique si plaisamment retrouvé dans *Notre-Dame de Paris*, publia un livre d'heures en langue vulgaire. La Sorbonne, à ce sujet consultée par le parlement, répondit « que de pareilles traductions, tant » de la *Bible* que d'autres livres de reli- » gion, étaient pernicieuses et dangereu- » ses, parce que ces livres avaient été ap- » prouvés en latin, et devaient demeurer » ainsi. » C'était porter coup à la réforme, mais aussi aux lettres, qui, dans l'enfance des langues, gagnent toujours quelque chose à la popularité de ce genre d'ouvrages.

Cette censure n'épouvanta pas Marguerite de Navarre : elle ouvrit dans sa cour un asile aux savans persécutés pour leur foi religieuse, essayant de les ramener par la douceur au catholicisme, et quelquefois se laissant prendre à la séduction de leur éloquence. La Sorbonne, n'osant d'abord attaquer la sœur de François Ier, chercha parmi ses favoris quelque hérétique qu'on pût impunément censurer. Clément Marot n'était qu'un grand poète en langue vulgaire : Clément Marot fut censuré et envoyé au Châtelet. Marguerite put à peine obtenir qu'il fût transféré dans les prisons de Chartres : mais lorsque Charles-Quint relâcha son prisonnier, il fallut bien que la Sorbonne élargît le sien, quitte à remonter du poète à la reine. L'occasion ne se fit pas attendre : Marguerite publia, en 1532, un poème avec ce titre : *Le miroir de l'ame pécheresse, ou le miroir de très-chrestienne princesse, Marguerite de France, royne de Navarre, duchesse d'Alençon et de Berry, auquel elle voit son néant.* On cherchait vainement dans ce livre quelque allusion aux points débattus; ce silence parut à la Sorbonne un commencement d'hérésie : vite un docteur pour censurer la reine de Navarre. Le recteur désavoua hautement la censure, mais ce désaveu ne fut qu'une déception : l'année suivante, Marguerite fut indignement mise en scène sur le théâtre du collége de Navarre; et quand François Ier envoya saisir les acteurs, le principal du collége, à la tête de ses écoliers, reçut à coups de pierres les officiers du roi. La bonne reine demanda et obtint la grace des coupables. J'aime cette femme ingénieuse d'avoir compris la dignité du talent, et d'avoir, reine et poète, osé prendre pour devise : *Non inferiora secutus.*

Clément Marot ne sortit de prison que pour aller en exil : pauvre Clément ! n'as-tu jamais été tenté de demander à Rabelais comment il s'y était pris pour échapper à la Sorbonne ?

La lutte que commencèrent Rabelais et Marot, l'un avec ses épigrammes, l'autre avec sa grotesque Iliade de Gargantua, et sa bouffonne Odyssée de Panurge, Ramus la continua dans la haute philosophie. Sorti maître ès-arts du collége de Navarre, où il était entré comme domestique, Pierre la Ramée jeta vaillamment le gant à Aristote. Or, à cette époque, l'université avait un recteur, et la Sorbonne, centre théologique de cette université, avait un proviseur; mais le véritable proviseur de Sorbonne, le véritable recteur de l'université, c'était Aristote. Accusé d'impiété et de sédition, Pierre la Ramée fut, par arrêt du roi, condamné au silence. Mais lorsque toutes les écoles se fermèrent devant la peste, quand tous les maîtres se turent, on voulut bien rendre au philosophe la liberté de la parole. Il y eut de l'héroïsme, cette année-là, à parler grammaire et logique. Tant de dévouement à la science ne désarma pas la Sorbonne. La peste s'en alla, et la voix revint aux théologiens. La Ramée, qui déjà avait donné le *v* à l'alphabet sans exciter de guerre civile, et qui n'avait lu nulle part dans Aristote que le *q* dût être en latin prononcé comme le *k*, trouva ridicule cette prononciation, et proposa de dire *quamquam* au lieu de *kam-kam*. Aussitôt grande rumeur en Sorbonne. Le procès va jusqu'au parlement, qui donne gain de cause à la Ramée. Je n'ai lu dans aucun contemporain que la faculté de théologie ait demandé un lit de justice.

Ramus fut tué dans la nuit de la Saint-Barthélemi, sans avoir vu la fin du règne d'Aristote; vingt-quatre ans plus tard, le 31 mars 1596, naquit à la Haye, en Touraine, un gentilhomme nommé René Descartes.

Dire maintenant le rôle que jouèrent les docteurs de Sorbonne dans le drame sanglant de la Ligue, compter une à une toutes les misères de nos pères, porter la main à toutes leurs blessures, je n'ai ni le temps ni le courage de le faire. Voici d'ailleurs qui parlera plus haut. Il y avait en Sorbonne une chapelle dédiée à la Vierge qui, rebâtie en 1326, le fut de nouveau en 1347, et fut mise sous la double invocation de Marie et de sainte Ursule, dont on célébrait la fête le jour de la Dédicace. Il y avait dans cette chapelle une cloche dont le timbre argentin s'entendait, dit-on, dans tout Paris, de neuf heures à neuf heures et demie. Eh! bien, on prétend que de cette cloche partit le signal de la Saint-Barthélemi. Ce n'est là sans doute qu'une calomnie; mais pour que la pensée en soit venue aux contemporains, quelle n'a pas dû être la violence des prédicateurs de Sorbonne? Saisi de pitié à la vue de ces rois qu'on assassine, et dont on canonise les meurtriers, de ces magistrats qu'on embastille, de ce pauvre peuple qu'on livre à la faim et à la peste, j'ai demandé à la littérature de l'époque ce qu'elle dit, ce qu'elle fit pour ces rois, pour ces magistrats, pour ce peuple. La presse, en ces jours déplorables, eut aussi ses journées de Contras et d'Ivry : la satire Ménippée fut l'avant-garde de Henri IV.

La Sorbonne, qui n'eut pas l'air de s'apercevoir de Gargantua, et qui envoya Clément Marot au Châtelet, n'eut garde de lire les *Essais* de Montaigne, ni cet admirable *Traité de la Servitude, à l'honneur de la liberté contre les tyrans*, mais elle censura le livre de la *Sagesse*. Il semble que, craignant de s'attaquer aux génies supérieurs, elle ne voulut poursuivre que dans les disciples les opinions des maîtres ; Charron est l'élève de Montaigne. Celui-ci, qui avait vu ce livre naître et se développer chaque jour sous son inspiration, permit à Charron, par testament, de porter ses armoiries : naïve adoption du génie, touchante illusion de l'amitié, par laquelle Montaigne cherchait peut-être à se persuader qu'il avait retrouvé La Boétie! « Le di» manche 16 de ce mois, dit l'Estoile, sur » les onze heures du matin, tomba mort » en la rue Saint-Jean-de-Beauvais, à Pa» ris, M. Charron, homme d'église et » docte, comme ses écrits en font foi. A » l'instant qu'il se sentit mal, il se jeta » dans la rue à genoux pour prier Dieu : » mais il ne fut sitôt agenouillé, que, se » retournant de l'autre côté, il rendit l'â» me à son Créateur. » C'était en 1603.

Avec le dix-septième siècle va commencer pour la Sorbonne une vie nouvelle : les théologiens se croiront obligés de motiver leurs censures, et un commencement de discussion trouvera place à côté de l'invective : l'école a déjà quelque chose des façons plus douces de l'Académie qui vient de maître. Richelieu, qui avait fondé l'Académie, voulut restaurer la Sorbonne. Le collége de Calvi fut acheté, démoli, et on vit s'élever à sa place une église dont le cardinal posa lui-même la première pierre, en mai 1633. L'architecte qui présida à cette construction fut le même qui, dès l'an 1629, avait commencé le Palais-Royal, Jacques Lemercier.

Richelieu fonda sa chapelle en proviseur de Sorbonne, premier ministre du roi de France. Tout l'intérieur a été renouvelé, mais le monument est le même. La façade qui regarde la place de Sorbonne a de la grace et de l'élégance. Les chapiteaux du premier étage appartiennent à l'ordre corinthien; ceux du second à un ordre composite. Cette irrégularité a trouvé des critiques; c'est pousser loin le scrupule, quand on s'est déjà familiarisé avec le mélange du dôme oriental et de la colonnade grecque.

La façade de la cour n'a pas ce prétendu défaut de la première : élevée sur le modèle de celle de Saint-Pierre de Rome, son plus grand mérite est de rappeler humblement l'original à ceux qui l'ont vu.

> Parvam Trojam simulataque magnis
> Pergama.

Les détails que nous allons donner sur l'intérieur n'appartiennent pas tous à l'époque de Richelieu : plusieurs sont d'une date beaucoup plus récente.

Toutes les dalles étaient d'un marbre choisi. Le grand autel, construit d'après les plans de Bullet, était surmonté d'un tableau où F. Verdier avait, sur un dessin de Lebeau, représenté le Père Eternel.

Plus tard, ce tableau fit place à un beau Christ de Michel Auguier. Sur les côtés on voyait une prédication de saint Antoine, par Coypel, et un saint Hilaire du même artiste. Quatre pères de l'église, peints par Philippe de Champagne, se partageaient le dôme. Dans la chapelle de la Vierge était une statue de la mère du Christ due au ciseau de Desjardins; et entre les pilastres de la nef on voyait celles des apôtres, ouvrage de Guillain et de Berthelot.

Dans la bibliothèque, qui s'était élevée jusqu'à soixante mille volumes, on allait admirer le portrait en pied et le buste en bronze du cardinal, un grand nombre de précieux manuscrits, et une sphère en bronze d'un travail précieux.

Lorsque Richelieu eut restauré tout l'édifice, et gravé au front de sa chapelle: *Deo optimo, maximo, F. Arm. cardinalis dux de Richelieu*, il déchira le rideau des noires maisons qui lui cachaient sa façade, et ouvrit la rue Neuve-de-Richelieu. Enfin le jour où le czar Pierre vint rendre visite au tombeau du cardinal, remarquable ouvrage de Girardon, que la restauration a replacé dans l'église, le voyageur put lire dans l'épitaphe, à côté du titre de premier ministre celui de proviseur de Sorbonne.

A l'époque où nous sommes parvenus, la Sorbonne a déjà perdu, dans les guerres civiles, avec l'âpreté de sa parole, quelque chose de l'autorité de son nom ; d'un autre côté, à mesure que le théologien se rapetisse, le philosophe grandit au dehors, et lorsque Descartes proclamera dans le monde le doute philosophique, Descartes dépassera déjà de la tête le syndic de Sorbonne et le recteur de l'université. Descartes! ai-je dit, voyez maitre à la suite

Arnaud et Pascal, Buffon et Montesquieu.

J'ai lu quelque part que Descartes eut, en 1641, l'intention de faire agréer à la Sorbonne, l'hommage de ses *Méditations*. C'étaient comme deux puissances qui s'observent mutuellement, et qui font assaut de courtoisie avant la bataille. Mais la Sorbonne évita la dédicace. Elle eut peur de cette pensée hardie, tombée par une belle nuit, sous les murs de Prague, dans la tête d'un jeune officier de vingt ans. Elle eut du moins le bon esprit de se taire, et aux savans de la Hollande appartient la honte d'avoir persécuté le grand homme, comme à la Suède l'honneur de lui avoir marqué une place parmi les tombes des rois.

Vers ce même temps, Arnaud consumait stérilement dans la querelle du jansénisme un génie prompt et facile, une dialectique puissante, qui, appliqués à la philosophie proprement dite, auraient merveilleusement secondé le mouvement intellectuel de l'époque. C'est à la théologie qu'il faut demander compte de tant d'éloquence perdue, de tant de savoir inutilement dépensé. On vit un jour jusqu'à soixante et dix docteurs se lever pour Arnaud. *Nous ferons venir tant de moines*, dit un des opposans, *que nous l'emporterons*. Que serait-il resté de ces grandes querelles, si de ce choc violent des doctrines n'eussent jailli *les Provinciales*, la Ménippée de Port-Royal?

Les démêlés de la Sorbonne avec le théâtre appartiennent à la littérature, et par conséquent à mon sujet. La troupe de Molière s'était établie rue Guénégaud. Lorsqu'en 1674 le collége Mazarin fut livré à l'université, les docteurs exigèrent l'éloignement des comédiens. Les voilà donc errant de rue en rue, à la recherche d'une maison qui accueillit *Phèdre* et *Tartufe*, le pauvre homme! On lit dans un écrit du temps l'histoire de leurs tribulations : « Le curé de Saint-Germain-l'Auxerrois » obtint qu'ils ne seraient point à l'hôtel » de Sourdis, parce que de leur théâtre » on aurait entendu les orgues de l'église, » et de l'église on aurait parfaitement bien » entendu les violons. Le curé de Saint-An- » dré-des-Arts, ayant su qu'ils songaient à » s'établir rue de Savoie, vint trouver le » roi, et lui représenta qu'il n'y avait » bientôt dans sa paroisse que des auber- » gistes et des coquetiers, et que si les co- » médiens venaient, son église serait dé- » sertée. Les grands augustins présentèrent » aussi leur requête; mais on prétend que » les comédiens dirent à sa majesté que ces » mêmes augustins, qui ne voulaient » point de leur voisinage, étaient fort as-

» sidus spectateurs de la comédie, qu'ils » avaient même offert de vendre à la troupe » des maisons qui leur appartenaient » dans la rue d'Anjou, pour y bâtir un » théâtre, et que le marché se serait con- » clu si le lieu avait été commode. » Néanmoins défense fut faite aux comédiens de s'établir rue de Savoie. On voit bien que depuis un an Molière était mort sans laisser d'héritier.

Louis XIV avait si bien discipliné la pensée et la parole, que pour retrouver la Sorbonne il faut aller jusqu'à Montesquieu. Les théologiens tournèrent long-temps autour de *l'Esprit des Lois*, pour y découvrir quelque proposition mal sonnante. Enfin, au bout de deux ans, on parvint à en démêler dix-huit de ce genre ; mais la réponse de Montesquieu devança la censure. « Ce qui me plaît dans ma défense, » di-

sait-il, « ce n'est pas de voir les vénérables
» théologiens mis à terre, c'est de les y
» voir couler tout doucement. »

La Sorbonne, réduite au silence par l'apologie de *l'Esprit des Lois*, se tourna vers Buffon. Elle lui envoya donc respectueusement un extrait de la *Théorie de la terre* accusée de contredire sur quelques points le récit de Moïse. Buffon répondit par une rétractation équivoque, et la solitude de Montbard reprit son majestueux silence.

Mal à l'aise avec Buffon et Montesquieu, la théologie chercha à ses côtés sur qui elle appesantirait le poids de sa mauvaise humeur. Elle alla droit à Marmontel, et s'essaya sur *Bélisaire* à attaquer *l'Encyclopédie*. *L'Encyclopédie* était pour elle une place forte qu'elle ne savait comment aborder; mais tout ce qui s'aventurait au dehors était par elle arrêté au passage et censuré. Le 26 juin 1767, quinze propositions sur la tolérance furent condamnées dans le roman de *Bélisaire* ; mais le parlement s'étant abstenu de prononcer, la censure n'arracha pas même du livre le privilége de Louis XV. Savez-vous comment furent défendues les propositions de Marmontel ? Turgot écrivit en regard la prétendue vérité opposée à chaque phrase censurée. Turgot lui-même, à l'âge de vingt-deux ans, avait prononcé dans la faculté de théologie un remarquable discours sur les progrès de l'esprit humain.

La Sorbonne continua depuis à s'effacer lentement devant la révolution, jusqu'au jour où elle acheva de disparaître dans la chute de tous les ordres religieux, frappés de mort par le décret du 5 avril 1792.

Que devenait alors le monument? lorsque, le 30 novembre 1794, une loi de la

Convention créa, sous le titre d'école Normale, cette vivante encyclopédie de la science, on commença dans la Sorbonne un amphithéâtre qui ne fut pas achevé. Mais l'édifice de Richelieu n'échappa point complétement au coup qui le menaçait. On établit dans son enceinte une fabrique de salpêtre, cet autre missionnaire de la propagande. Plus tard, Napoléon ayant voulu continuer le Louvre, en fit sortir les artistes que la vieille monarchie y avait pris pour ses hôtes, et leur donna un asile à la Sorbonne. Ils le conservèrent jusqu'en 1819, époque à laquelle ils se retirèrent pour faire place à une section de l'École de Droit. Le droit se réservant le chœur de l'église, en abandonna les chapelles aux quatre sculpteurs qui les occupaient; mais en 1822 l'art et le droit s'en allèrent enfin, laissant à Dieu son temple.

Ce fut alors que le gouvernement mit

la Sorbonne à la disposition de l'Université. Inaugurés d'abord au Plessis par un discours ingénieux de M. Lemaire, les cours de la Faculté firent, en 1822, leur entrée en Sorbonne. La théologie n'était qu'une exilée qui venait frapper humblement à la porte de la maison paternelle, où littérateurs, historiens et philosophes entraient en conquérans par la brèche qu'avaient faite à la muraille Descartes et Mirabeau.

Nommer ici tous les savans illustres que revendique la faculté des Sciences, ce serait faire l'histoire de la plupart des grands travaux qui honorent notre âge.

Je voudrais bien parler de la faculté de Théologie. Là aussi, sans doute, il y a science et talent ; mais pourquoi autour de ses maîtres ce silence et cette solitude ? Où donc est ce jeune clergé sur qui doit reposer l'avenir du christianisme ? Pourquoi n'est-il pas là, haletant, ému, comme nous, profanes du siècle, autour de nos profanes orateurs? Quand la poésie a soufflé sur le monde, le christianisme a eu ses poètes, pourquoi n'aurait-il pas ses philosophes, quand le tour de la philosophie est venu? Ah! laissez nos vieux prêtres aux malheureux qu'ils consolent de vivre, aux pauvres qu'ils aident à mourir. Mais tous ces jeunes gens qui attendent dans les séminaires l'onction sainte du sacerdoce, qu'en faites-vous? Que ne viennent-ils apporter quelque jeunesse et quelque vie à cette Faculté qui se meurt? Il s'élèvera peut-être du milieu d'eux quelque novateur assez ferme d'intelligence pour faire la science théologique plus rationnelle par la pensée, plus populaire par le langage. Le christianisme est la vie morale des nations modernes : pourquoi n'en serait-il pas aussi la vie intellectuelle?

La Faculté des Lettres avait, dès son origine, attiré la jeunesse des écoles à l'attrait de son enseignement. Ses leçons avaient bientôt dépassé l'enceinte du Plessis, entraînant au grand jour à leur suite quelques noms nouveaux alors, aujourd'hui justement célèbres. C'était le vénérable Laromiguière, qui, dans son système, réconcilia les faits de la sensation avec les théories du spiritualisme, et, dans son admirable style, unit la simplicité originale de Descartes à l'élégante précision de Condillac. C'était M. Royer-Collard, heureux apôtre parmi nous de cette sage école écossaise dont Th. Jouffroy a relevé le drapeau. Après Socrate, Platon, et le spiritualisme ; après M. Royer-Collard, M. Cousin et l'éclectisme. C'était encore M. Guizot, bien jeune alors, mais qui, dès 1812, élevant déjà l'histoire à la hauteur du sacerdoce, ne put trouver dans son discours d'ouverture une flatterie pour Napoléon. La place de M. Villemain était marquée parmi ces maîtres de la parole; et il ne devait, comme eux, descendre de sa tribune que pour marcher avec eux aux leçons vivantes et à la pratique. J'avais hâte de saluer ces grands noms ; car, dans les jours de révolutions, il faut pour rendre justice à ceux qui règnent, tout le courage que, dans les temps ordinaires, suppose la résistance au pouvoir.

Cet enseignement se continua au Plessis avec le même succès jusqu'en 1821, que l'école Normale, frappée de mort violente, entraîna M. Cousin dans sa chute : ce fut l'année suivante, nous l'avons dit, que la Sorbonne ouvrit son sein aux facultés.

M. Guizot venait de s'éloigner, laissant à son auditoire une preuve éclatante de sa reconnaissante sollicitude, dans le choix de son successeur, M. Aug. Trognon, qui le premier fit entendre aux murs de la

Sorbonne, bien étonnés sans doute d'un pareil langage, la voix sévère de l'histoire. Certes, il était beau, ce jour-là, de venir publiquement annoncer à la France qu'on allait aborder de face le berceau de sa monarchie, sans pitié pour la flatterie des systèmes, comme sans ménagement pour ceux à qui les systèmes profitent. Savez-vous beaucoup de pages qui racontent avec cette énergie pittoresque l'invasion des Barbares ? « Amenés par le
» pillage, ils semblaient n'avoir un instant
» reposé leur course que pour attendre
» ceux auxquels ils avaient montré le che-
» min. Tous, par la fierté mâle de leurs
» traits, par l'audace grossière de leur
» langage, à côté de la muette stupeur des
» sujets romains, présentaient déjà le
» contraste des races anciennes et des
» races nouvelles, des peuples qui finissent
» et des peuples qui commencent. Enfin,

» la barrière du Rhin, dès long-temps im-
» puissante, est franchie sans retour. C'est
» un spectacle désolant, mais toutefois
» digne d'intérêt, que celui de l'arrivée
» tumultueuse des Barbares, qui se pres-
» sent et se poussent en quelque sorte les
» uns les autres à travers la vaste étendue
» des dix-sept provinces gauloises. » A cette parole si vive, si intelligente du passé, tout l'auditoire applaudit. Il venait de reconnaître le précurseur de cette jeune et puissante école historique, qui, deux ans plus tard, allait nous donner le récit de la conquête de l'Angleterre par les Normands. Nous savons tous, hélas! pourquoi Thierry garde le silence. Mais M. Trognon a-t-il acheté au prix de la même infortune le triste droit de taire à la France ce qu'il sait de la France et de ses naissantes destinées?

L'orateur terminait ainsi : « Sachons,

» jeunes-gens, mettre partout notre con-
» science, partout respecter la vérité, la
» rechercher à sa source la plus haute,
» la plus pure, la plus sacrée; ne reculer
» jamais devant ses conséquences, et les
» réaliser dans les plus importantes comme
» dans les moindres actions de notre vie.
» Rejetons loin de nous les frivolités, re-
» tirons-nous dans de graves études et de
» sévères méditations; aspirons de bonne
» heure à tout ce qui fait la gloire de la
» virilité; et, dignes alors des temps où
» nous vivons, peut-être le présent se re-
» posera tranquillement sur nous du soin
» de l'avenir. » L'année suivante le cours
fut suspendu.

Ici commencent, pour la nouvelle Sorbonne, des années de deuil et de découragement. Qui de nous ne gémit alors de la voir condamnée au silence, veuve de ses philosophes, de ses orateurs, de ses historiens ? Quelques maîtres épargnés çà et là achevaient à demi-voix le texte inoffensif de leurs leçons.

Cependant M. Villemain, long-temps éloigné de la Faculté par une maladie cruelle, venait d'y reparaître et la foule avec lui. Ce retour était comme la promesse de celui de MM. Guizot et Cousin; dans la pensée de l'auditoire ces deux noms venaient s'associer au triomphe de M. Villemain. Ce fut un beau jour que le 8 janvier 1827; il fallait voir se presser sur les bancs cette foule de jeunes gens venus de toutes les provinces, et à qui leurs aînés avaient appris à compter le cours d'éloquence parmi les enchantements de Paris. Ému lui-même de l'émotion de ses auditeurs, l'orateur fut véhément, spirituel, coloré : sa parole eut de l'entraînement pour les ames jeunes, des pensées fortes pour les esprits sévères. Il esquissait à

grands traits la physionomie du dix-huitième siècle, empruntant tour à tour pour les peindre le langage de ses grands hommes, Voltaire avec Voltaire, Jean-Jacques avec Jean-Jacques. Je retrouve dans ma mémoire avec des lambeaux de ce discours jusqu'aux intonations de la voix qui le prononçait « Nous choisirons, disait
» l'orateur, parmi les écrivains formés
» à l'école de Voltaire, quelques-uns de
» ces philosophes qu'on appelle encore
» aujourd'hui les encyclopédistes, et qui
» seraient morts ignorés s'ils ne s'étaient
» réunis pour être puissans. Nous par-
» lerons de d'Alembert, d'Helvétius, de
» Diderot, qui cacha la hardiesse de son
» esprit dans ses théories littéraires que
» les Allemands ont recueillies avec amour;
» nous laisserons tomber les autres.

» Nous imiterons cet empereur romain
» à qui on voulait ouvrir les sépulcres des

» rois d'Égypte, et qui répondit : Je veux
» voir des rois et non des sépulcres. Et
» nous aussi nous chercherons les rois de
» la pensée, et nous laisserons dans leur
» obscurité ces écrivains ensevelis dans le
» recueil volumineux de leurs œuvres :
» nous voulons voir des rois et non des sé-
» pulcres. »

Chaque séance amena tour à tour Massillon, d'Aguesseau, Rollin, Vertot, Lesage, Fontenelle. Puis, à l'occasion de Lesage, M. Villemain remontait à l'origine du roman : « Le peuple arabe est né conteur,
» disait-il; il n'est pas rare de voir une
» caravane s'arrêter le soir, au pied d'un
» palmier, dans le désert, pour écouter
» une histoire de quelque génie de la so-
» litude. Les Arabes se rangent en cercle,
» tenant encore sous leurs bras la bride
» de leurs chevaux : les chameaux eux-
» mêmes, sans être soulagés de leur charge,

» se penchent sur leurs genoux de devant,
» et les Européens silencieux et impatiens
» se tiennent à l'écart derrière les Arabes.
» Alors un conteur élève la voix ; c'est
» souvent le plus simple et le plus pauvre
» de tous. Il raconte, et les visages s'animent ; tantôt il se fait un silence aussi
» grand que celui du désert; tantôt on entend des sanglots, tantôt de bruyans
» éclats de rire, et les chevaux eux-mêmes
» allongent leur tête en avant, comme
» pour demander le sujet de cette grande
» joie : le conteur reprend son récit, il
» raconte une demi-nuit; il conterait jusqu'à l'aurore, il conterait encore après le
» lever du soleil, s'il ne fallait arriver au
» but de la caravane. » Voici deux exemples bien divers de l'improvisation de
M. Villemain : elle est vive, naturelle,
éloquente. L'écrivain compose son style,
nuance ses couleurs, tempère les tons trop

vifs, échauffe ceux qui n'éclatent pas assez à son gré. Le charme de la parole improvisée est précisément dans l'heureuse confusion de tous les tons, de tous les langages. La théorie des styles n'existe pas pour l'improvisation : continuelle métamorphose de la pensée et de la forme, elle s'emporte à travers toutes les passions, arrive inattendue au sublime, se joue capricieusement dans les ingénieuses lenteurs du récit, trouve, sans y prétendre, la grâce et l'à-propos. L'inspiration lui arrive de tous les côtés. Ainsi va l'improvisation, ainsi M. Villemain. Ce que nous en avons cité n'est imprimé nulle part. Le reste de ses leçons est dans toutes les mains, et l'esprit de son enseignement a passé dans ses successeurs.

L'année 1828 ramena les beaux jours de l'Université; la parole fut rendue aux bouches d'or de la Sorbonne. Il y eut dans l'empressement qui accueillit leur retour je ne sais quoi de touchant et presque de filial. La génération nouvelle ne connaissait MM. Guizot et Cousin que par le souvenir sympathique du coup qui les avait frappés. Elle ne les avait jamais vus ; ce n'étaient pour elle que deux beaux noms couronnés de la double auréole du talent et de la persécution. Aussi lorsqu'ils parurent, on eût dit que sur ces deux visages tous les regards cherchaient avec émotion les traces de tant de combats livrés pour la liberté. Les belles leçons qui suivirent, chacun a pu les lire ou les entendre ; nous essaierons seulement d'y saisir le caractère de l'improvisation.

M. Cousin parle debout ; il y a déjà de l'orateur dans cette attitude. D'abord il promène quelque temps son regard sur son auditoire ; sa parole est lente, inégale, sa voix sourde, son œil calme, ses bras immobiles. Peu à peu cette voix vibre, ces bras se détachent, cet œil s'anime, cette parole se précipite, le poète est venu. Avant d'aborder directement la question qui doit l'occuper, M. Cousin la façonne entre ses mains, l'idéalise en quelque sorte. Puis ainsi faite, il la promène, et vous avec elle, de système en système, avant de s'arrêter à celui qui doit l'expliquer et la résoudre. Puis il l'affuble ou la dépouille à son gré du manteau de toutes les écoles; il vous la fait tour à tour grecque, romaine, allemande, écossaise, française enfin, jusqu'à ce qu'il arrive à la solution définitive, celle qui concilie toutes les autres, la solution éclectique. Pour moi, je l'avouerai, en écoutant cet homme qui, dans un siècle où le théâtre même laisse les âmes froides, passionne le syllogisme jusqu'à la haute éloquence, et la métaphysique jusqu'à la poésie, j'ai pour la première fois compris la renommée d'Abailard et l'enthousiasme de ses contemporains.

Autre chose est de M. Guizot : si M. Villemain se laisse gagner souvent aux habitudes de l'orateur, et M. Cousin aux vives allures du poète, M. Guizot a plutôt quelques traits du philosophe antique. Il ne prophétise pas, il enseigne en causant ; il sait d'où il vient, il dit où il va. Il n'a pas l'enthousiasme qui subjugue, mais la conviction qui attire. Il vous apporte plus de doutes que de solutions ; mais de ce doute qui, en vous rendant incertain, ne vous laisse jamais indifférent à la vérité. Nul ne sait avec une plus ingénieuse sagacité dégager la réalité historique des passions qui jadis l'ont altérée dans sa source et des préoccupations qui aujourd'hui la défigurent dans ses conséquences : je ne sais si s'est rencontrée quelque part au même degré cette naturelle éloquence qui naît du rapide enchaînement des idées et de la limpide précision du langage. L'expression de M. Guizot est facile, ouverte, loyale, si l'on peut ainsi parler. Il n'y a dans le détail qu'abandon et simplicité, et cependant on sent dans la liaison de l'ensemble une saisissante unité qui vous envahit et vous pénètre.

Les trois maîtres, par une heureuse harmonie de leur pensée, prenant la France pour point de départ et pour but, arrivèrent le même jour à la charte qui devait bientôt les appeler à sa défense devant un auditoire plus grave et dans des débats plus solennels. La politique les rendra-t-elle quelque jour à l'art : il est permis d'en douter. Mais qu'importe? ce que les maîtres ont commencé les disciples l'achèveront; le manteau d'Élie est demeuré aux mains d'Élysée.

Me voici arrivé au terme de ma tâche : j'ai raconté les longs jours d'une institution autrefois célèbre, maintenant déchue de sa gloire. Fondée par le christianisme, la Sorbonne en a, trop souvent peut-être, altéré le souffle en le mêlant aux passions des hommes : elle a péri. On a vu des philosophes se demander si le christianisme lui avait survécu ; question étrange vraiment, lorsque le christianisme est encore au fond de nos mœurs, au fond de nos arts, au fond de nos ames ! Appelez-le religion hier, aujourd'hui morale, et pour demain trouvez-lui quelque autre nom si bon vous semble : c'est toujours le christianisme ! c'est à lui maintenant que ramène le doute scientifique, à lui que vient aboutir toute histoire consciencieuse, toute politique libérale, toute philosophie complète. En d'autres temps, le christianisme a pu craindre de devenir un pouvoir humain :

il restera une religion divine. On a tenté quelquefois de le courber vers la terre pour l'associer aux choses de ce monde; isolé à jamais des affaires, voici qu'il se redresse vers le ciel!

MÉLANGES HISTORIQUES.

II.

PORT-ROYAL.

PORT-ROYAL.

Au fond de la vallée de Chevreuse on voit les ruines d'un ancien château, et, à quelque distance, un moulin, une grange et une bergerie. Ces ruines étaient encore, au commencement du dix-huitième siècle, le palais de la duchesse de Longueville, et, à la même époque, ce moulin, cette grange et cette bergerie se nommaient Port-Royal-des-Champs.

A ce nom se rattache le souvenir d'une grande lutte théologique, la chronique touchante d'un couvent de pieuses recluses, et l'austère légende d'une nouvelle Thébaïde. L'histoire de Port-Royal est inséparable de celle du jansénisme et de la biographie des hommes célèbres qui apportèrent sur ce champ de bataille tout ce qu'ils avaient reçu de forces et de génie.

Port-Royal conserve encore parmi nous une haute popularité; il la doit à la persécution, qui, par un instinct heureux de notre nature, épure et agrandit aux yeux de l'homme tout ce qu'elle touche; il la doit encore à l'énergie avec laquelle il plaida, au dix-septième siècle, la cause des libertés gallicanes. J'ajouterai : il la doit surtout aux lettres reconnaissantes de ce qui a été fait pour elles, à une époque où il leur manquait une langue pour se produire. Par une loi singulière de l'esprit humain, il faut que le temps ait encore prise sur les choses du passé. Toute grande question soulevée dans l'ordre intellectuel ou moral agit différemment sur les esprits qui, d'âge en âge, remontent à sa source, et vont l'étudier dans ses origines. Ainsi Port-Royal plaisait aux graves génies du dix-septième siècle par une profondeur de doctrine dont la tradition commençait à se perdre dans le clergé catholique. Depuis il se concilia les esprits aventureux du siècle suivant par une sorte d'opposition qui laissait deviner une pensée philosophique sous une conviction théologique. Notre siècle, qui est littéraire autant que politique, aime Port-Royal pour avoir rappelé les études nationales aux sources du génie antique. Qu'importe aujourd'hui à la foule des esprits la querelle des cinq propositions et le débat de la prédestination des ames? Port-Royal, aux yeux de la multitude, n'est plus que le théâtre sur lequel a été représenté pour la première fois ce beau drame des *Provinciales*, tour à tour ingénieuse et mordante comédie, ardente et sublime tragédie, selon le caprice de la lutte ou l'emportement de la polémique. Port-Royal, c'est le berceau de cette douce et poétique destinée de Racine, qui s'écoula si pure et si noble entre les sept petites odes où il épanchait naïvement ses impressions d'enfance et les quatre magnifiques cantiques solennellement exécutés à Saint-Cyr devant Louis XIV. Port-Royal, c'est la source de laquelle il s'est répandu dans l'éducation publique tant de saines et excellentes pratiques, tant de simples et utiles enseignemens.

Mais pour qui relira attentivement les mémoires de l'époque, il y a plus dans Port-Royal qu'une destinée littéraire, et c'est dans toutes les phases de leur vie agitée que nous avons essayé de suivre ses grands hommes, entrant avec vénération dans la cellule du pénitent, dans l'école du maître et sous la tente de l'athlète.

Commençons par nous faire une idée bien nette de ce que c'était que Port-Royal. La vallée avait trois sortes d'habitans. Il y avait d'abord un couvent de religieuses sous la direction d'une abbesse élective; en second lieu, on y voyait quelques bâtimens délabrés où des hommes, fatigués d'eux-mêmes et du siècle, venaient chercher *au désert* la pénitence et l'étude, et se consacrer à l'éducation de la jeunesse. Enfin, tout aux environs s'étaient groupées successivement de jolies maisons habitées par de grands seigneurs assez détachés du monde pour se plaire aux inspirations de la solitude et aux exemples des solitaires, pas assez toutefois pour renoncer tout-à-fait aux honneurs, le duc de Luynes, la duchesse de Longueville, le duc de Liancourt, et beaucoup d'autres. Ainsi autour du monastère vivait comme une humble colonie de chercheurs et de pénitens, plus pure à mesure qu'elle s'enfonçait plus avant dans la vallée, ou se tenait plus étroitement serrée contre les murs du couvent, moins rigide selon qu'elle se rapprochait davantage des rumeurs de la grande ville. Mais, qu'on ne s'y trompe pas, les religieuses seules étaient liées par des vœux et soumises à une règle obligatoire; aucun engagement positif ne retenait au désert les hommes qui étaient venus y demander un asile contre les joies du siècle. Le désert était une libre arène où chacun pouvait essayer ses forces et se frayer soi-même son chemin vers le but marqué par le christianisme. Mais, réunis dans un même besoin d'apprendre et de souffrir, presque tous les solitaires avaient le même directeur spirituel, qui était aussi celui des religieuses, et là était le lien des deux communautés.

Si, au dix-septième siècle, quelques ames sincères se rallièrent de bonne foi aux ennemis de Port-Royal, ne faut-il pas en chercher la cause dans la pieuse frayeur que leur inspira cette indépendance apparente de toute règle extérieure? Le christianisme, religion toute d'humilité, de sacrifice et de persévérance, autorisait-il cette absence d'une autorité visible et régulière et cette facilité de retourner au monde après l'avoir quitté? voilà ce qu'on se demandait sans doute, et de là on allait presque jusqu'à conclure que ceux que le siècle nommait jansénistes voulaient se dérober au joug du saint-siége. Je ne serais même pas trop étonné que la multitude, qui se laisse aisément surprendre aux apparences, ait soupçonné alors d'hérésie des hommes qui, à l'exemple de Luther, traduisaient la Bible en langue vulgaire, et, comme Clément Marot, banni deux fois pour calvinisme, mettaient le Bréviaire en vers français.

Il faut le dire cependant, le soupçon était mal fondé. Cette résurrection des Thébaïdes fut, au dix-septième siècle, une réaction toute catholique, dans le sein même du catholicisme, contre le relâchement des mœurs d'une part, et de l'autre contre le dépérissement de la science religieuse. La réaction protestante, en remontant jusqu'à l'Évangile et au dogme philosophique de la souveraineté de la raison, n'avait pas tardé à briser tout lien avec Rome, qu'elle accusait d'avoir faussé l'un et de nier l'autre. La réaction catholique du jansénisme en appelait trop souvent à la doctrine des pères de l'Église, pour pouvoir raisonnablement se détacher de Rome dont la parole de ces pères avait fondé l'autorité. Mais par cela seul que les jansénistes, comme les luthériens, parlaient d'une primitive église, posaient des bornes à la souveraineté individuelle du pape, et combattaient les jésuites, qui avaient la prétention de résumer en eux le catholicisme, il était facile aux esprits prévenus de croire à une hérésie nouvelle.

Nous reprendrons à son origine cette guerre du jansénisme, mais sans entrer dans le détail de la discussion théologique; nous ne ferons, pour ainsi dire, que l'histoire extérieure de la polémique.

Il s'agissait au fond de l'accord de la liberté humaine avec la prescience divine, question que la philosophie a laissée indécise, même après un traité de Bossuet.

Cette grande querelle religieuse du dix-septième siècle nous était venue de l'université de Louvain. Michel Baïus en avait déposé le germe dans la chaire où monta, cinquante ans plus tard, Corneille Jansénius. Condamné au silence, en 1567, par le pape Pie V, et, en 1578, par Grégoire XIII. Baïus se tut. Mais ce n'était pas impunément qu'au seizième siècle pouvait surgir une idée nouvelle, ou renaître une doctrine mal étouffée dans le passé. Une fois éclose, il se trouvait toujours quelqu'un pour féconder l'idée, pour réhabiliter la doctrine. Il semble qu'il y ait eu dans l'air de cette époque je ne sais quelle chaleur hâtive qui développait toute semence, qui amenait forcément à maturité toute conception de l'esprit humain : Baïus mort, vint Corneille Jansénius.

Jansénius envoyé à Louvain pour y terminer ses études, y rencontra, pour la première fois, Jean Duvergier de Haurane, qui fut depuis abbé de Saint-Cyran. Une intime union d'esprit et de cœur s'établit entre les deux jeunes théologiens, et de leurs longs entretiens et de leurs communes lectures naquit et se forma insensiblement ce système d'idées qui reçut depuis le nom de jansénisme. Accoutumés à se faire par la pensée les contemporains des premiers âges du christianisme, ils prirent bien vite en pitié la tiédeur des ames de leur temps et les molles allures d'une doctrine qui allait se pliant de plus en plus aux exigences d'une morale souple et facile. Disciples fervens des pères de l'Église latine, ils voulurent essayer, au nom de la tradition apostolique, la réforme que Luther avait proclamée au nom de la raison humaine, et sur leur drapeau ils écrivirent : Saint Augustin. Ce fut le titre du livre dans lequel Jansénius résuma les principes qui lui étaient communs avec son ami. Mais Jansénius était un bon et digne évêque qui mourut de la peste en visitant ses diocésains. Aussi s'empressa-t-il en mourant de soumettre au jugement du pape l'*Augustinus* encore en manuscrit, déclarant par son testament reconnaître d'avance l'arrêt du saint-siége. Telle fut la dernière pensée de cet homme qu'on accusa d'avoir voulu fonder un schisme dans l'Église. Sa fin arriva le 6 mai 1638.

L'année qui avait précédé la mort de Baïus en Belgique, Louis Molina imprimait à Lisbonne un livre où il soutenait, sur la grace, une opinion toute contraire à celle du théologien de Louvain. Ce fut en partie pour réfuter le jésuite portugais que Jansénius écrivit.

Mais, précisément vers le même temps où il écrivait, s'élevait dans la Sorbonne un jeune homme qui, dans une thèse publique, développait une doctrine conforme, en beaucoup de points, à celle de Jansénius. C'était un petit abbé passablement mondain, vif, ardent, spirituel, pourvu de bons bénéfices et, ajoute un contemporain, *faisant rouler le carrosse à Paris*, plein de science, au demeurant, comme on l'était alors quand on portait le nom d'Arnaud. C'était en effet Antoine Arnaud, qui commençait dès-lors à parler la langue de la maison.

Ici nous touchons à Port-Royal; car Port-Royal est la personnification mystique de cette grande famille des Arnaud. Ne croirait-on pas, en lisant leur commune histoire, assister aux renaissantes destinées de l'une de ces grandes races romaines, les Métellus, les Scipions, les Appius, qui, donnant tour à tour à la république des dictateurs pour ses armées, des tribuns pour ses débats intérieurs, et des pontifes pour ses temples, continuaient, sous un même nom, une gloire toujours nouvelle?

Fondé, en 1204, par Eudes de Sully, le monastère de Port-Royal fut placé d'abord sous la direction de l'abbé de Cîteaux.

Vers la fin du seizième siècle, là, comme alors dans toutes les communautés, la règle avait failli. Or il arriva que, la première année du siècle suivant, fit profession entre les mains du général de l'ordre une jeune fille de huit ans. Si chacun fut touché de la ferveur qui donnait déjà quelque chose de sérieux à la naïveté de ce jeune visage, il ne vint à l'idée de personne que sur la tête de cet enfant reposât dans l'avenir l'espérance d'une éclatante réforme; mais cet enfant était sœur Marie-Angélique Arnaud. On sait le grand caractère qu'elle déploya dans les luttes qui suivirent; et certes plus d'un témoin de la modeste cérémonie que nous venons de rapporter dut, en se la retraçant à l'imagination, se souvenir d'Annibal enfant, jurant aux autels de Sagonte une haine éternelle au nom romain.

Nommée, en 1602, abbesse de Port-Royal,

sœur angélique y conquit de bonne heure, avec la renommée d'une vie exemplaire, l'ascendant qui s'attache à une instruction solide et à une éloquence sévère. A l'âge de dix-sept ans, elle renouvela solennellement sa profession monastique. Ce fut son premier pas vers la réforme qu'elle méditait. Dès 1613, la régénération était accomplie au dedans, et commençait au dehors. C'est dans Racine qu'il faut lire ce pélerinage de l'abbesse, allant de couvent en couvent. N'eut-elle pas, un beau matin, à soutenir un siége contre une sœur de Gabrielle d'Estrées, qui s'échappa d'une maison de filles repenties pour venir, à la tête de quelques jeunes gentilshommes, réclamer son titre d'abbesse à Maubuisson!

Cependant les exhalaisons humides des étangs de Chevreuse ajoutaient danger de mort aux austérités de la pénitence.

Les religieuses quittèrent Port-Royal, et se réfugièrent, mourantes pour la plupart, dans une maison écartée du faubourg Saint-Jacques. Cette retraite était un don de l'aïeule des Arnaud, qui vint elle-même, en 1641, y conquérir une mort sainte et le titre touchant de *mère des Machabées*.

Les ennemis étaient en présence ; la guerre ne pouvait manquer d'éclater bientôt : jésuites et jansénistes se comptaient.

Un petit écrit de quelques pages, composé par la mère Angélique, fut vivement attaqué par les jésuites, et trouva pour apologiste l'abbé de Saint-Cyran. Saint-Cyran était né avec un talent remarquable de prosélytisme, et la pureté irréprochable de sa vie justifiait, dans la conscience de ses adeptes, leur propre entraînement. Il eut bien vite rallié à lui la famille Arnaud, et comme cette famille tenait à la cour par le célèbre d'Andilly, au barreau par l'éloquent Lemaître, à l'Église par de Sacy, à l'armée par Séricourt, à la Sorbonne par Antoine Arnaud, Saint-Cyran embrassait en même temps, par l'entraînement de ses exemples et de sa foi, tous les ordres de l'état, toutes les classes de la nation.

Cette renommée de sainteté le mit un jour en relation avec le père Joseph, physionomie tout espagnole, qui, dans le tableau de cette époque, se détache encore, même auprès de la tragique figure de Richelieu. Le père Joseph, qu'une mission politique éloignait un moment de Paris, confia à Saint-Cyran un couvent de religieuses dont il s'était fait le patron. Le protecteur fut vite oublié; mais, à son retour, il fit tomber sur la théologie de son rival le jaloux ressentiment qui s'adressait à sa personne. Il s'en vint dire à Richelieu qu'il s'élevait en France une secte nouvelle qui sentait fort l'hérésie, et que certain abbé de Saint-Cyran s'en faisait le missionnaire. Le rancuneux ministre ne manqua pas de se souvenir que ce même Saint-Cyran avait osé se soustraire au joug de sa faveur. Je crois qu'il avait aussi paru contester une des opinions du Catéchisme de Luçon, dont Richelieu était l'auteur; puis, lorsque le cardinal avait proposé à l'assemblée du clergé de casser le mariage du duc d'Orléans avec la princesse de Lorraine, une voix avait impitoyablement flétri la pensée de ce divorce, et cette voix, c'était encore celle de Saint-Cyran. Il était donc bien clair que l'enfer le poussait à l'hérésie pour l'amener sous la colère de Richelieu. Si ce dernier eût eu affaire à un grand seigneur, à coup sûr il lui prenait sa tête; mais le sang d'un simple abbé n'était pas chose nécessaire à l'œuvre du cardinal; on se contenta de sa liberté, et le 5 juin 1638, Saint-Cyran fut arrêté et conduit au *bois de Vincennes*, comme on disait alors.

La parole du maître avait assez remué les ames; il ne manquait à sa doctrine qu'un peu de persécution : la persécution vint donc à point nommé. Au bout de quelques mois, Saint-Cyran régnait à Vincennes, et le véritable gouverneur, esclave de son prisonnier, ne faisait plus rien sans lui demander conseil. Enfin lorsque, trois ans après, la mort de Louis XIII, car celle de Richelieu n'avait pas suffi, vint ouvrir au captif les portes de sa prison, sa sortie de Vincennes fut un triomphe, et la garnison lui rendit les honneurs militaires.

Une conversion éclatante avait aussi éveillé la sollicitude du gouvernement. Antoine Lemaître, un des Arnaud, continuait au barreau avec un grand succès la renommée d'éloquence que son aïeul y

avait acquise sous Henri IV. Tout à coup une soif immense de Dieu et de la solitude vient le saisir dans sa gloire. L'austère préoccupation des vérités religieuses lui désenchante ses études, et le laisse indifférent et sans verve en face de ses auditeurs. « Il
» arrêtait ses yeux, dit un contemporain,
» sur un crucifix tout poudreux qu'il
» avait en vue lorsqu'il parlait, et que
» jusque-là il ne s'était guère arrêté à con-
» sidérer, et il disait qu'en le regardant,
» il avait plus d'envie de pleurer que de
» parler. »

L'avocat-général Talon s'étonna publiquement un jour de ce *sommeil*. « Le pro-
» pos, ajoute le même contemporain, fut
» redit à M. Lemaitre, qui, se sentant
» piqué de cette parole, parla huit jours
» après, à ce qu'il me dit, mais d'une telle
» force que jamais il n'eut plus de force
» et de vigueur. Il avait toujours M. Talon

» en vue. Il ne se tournait en parlant que
» vers lui seul ; toujours le corps bandé,
» toujours le bras étendu, toujours sur
» le bout du pied, toujours l'œil arrêté
» sur lui, comme étant le dernier effort
» qu'il faisait, et étant résolu, au sortir
» de là, de faire à Dieu un sacrifice de ce
» talent si rare, et de rendre muette à
» l'avenir une bouche qui était l'admira-
» tion de toute la France. »

Lemaître ne tarda pas en effet à échanger cet auditoire si plein d'enthousiasme contre la solitude d'une petite chambre délabrée dans une maison du faubourg Saint-Jacques. Il faut voir avec quelle tendre sollicitude sa pieuse mère veillait sur le seuil de cette maison pour en écarter les importuns. Elle ne put si bien y parvenir qu'il ne cherchât bientôt un asile plus inaccessible dans cette maison des champs désertée par les religieuses. C'est de là qu'il

écrivait, en comparant ses deux retraites :
« Nous écoutions le bruit de Paris, nous
» ne voyions que Paris, c'est-à-dire le lieu
» du monde le moins solitaire. Mainte-
» nant, nous ne voyons qu'une solitude
» de toutes parts. Nous avions pris cette
» retraite, au sortir du monde, pour y
» contempler de l'esprit le grand nombre
» de ceux qui se perdent au lieu d'où
» nous étions sauvés; nous n'étions encore,
» comme les Israélites, qu'à l'entrée du
» désert où nous nous préparions à aller.
» Nous y sommes arrivés maintenant. »
N'est-ce pas un admirable spectacle que
celui de cette ame qui se retire du monde,
et se replie lentement vers le Ciel, s'arrêtant par intervalles pour reprendre ha-
leine, et pour monter plus haut?

C'est de là encore qu'il écrivait, au sujet
de Saint-Cyran, prisonnier à Vincennes :
« Ses gardes empêchent de lui parler...

» Le lieu où nous sommes, sans gardes
» et sans valets, nous rend de soi-même
» cet office... Il ne peut sortir de là où il
» est que par un ordre du roi qui l'en
» tire; et nous ne voulons sortir du lieu
» où nous sommes que par un ordre de
» Dieu qui nous en chasse; il est prison-
» nier du roi, et nous de Dieu. »

Lemaître n'avait trouvé à Port-Royal
qu'un pauvre prêtre, nommé Choisnel,
seul demeuré fidèle au cloître abandonné;
je me trompe, il y trouva encore le pieux
souvenir de tous les anachorètes du temps
passé, et comme eux il se prit à méditer
l'Écriture, comme eux à remuer la terre.
Lorsqu'après de longues heures d'études il
s'apercevait qu'il avait froid, il prenait
dans ses bras une énorme bûche déposée
à sa porte, et montait et descendait l'escalier jusqu'à ce qu'il eût assez chaud pour
retourner à ses livres.

Bientôt vint le visiter dans sa solitude Singlin, que Saint-Cyran se choisit pour vicaire pendant sa captivité. Singlin, selon la parole de Lemaître, l'Élisée de cet autre Élie enlevé vivant de ce monde, était le fils d'un marchand de vin. Conquis à l'apostolat par Vincent de Paule, il quitta ce dernier pour Saint-Cyran. Confesseur des religieuses de Port-Royal, et ensuite leur supérieur, il allait, dit-on, chercher au désert, dans les entretiens de Lemaître et de Sacy, l'inspiration des doctrines qu'il traduisait dans la chaire en graves et simples paroles. C'était un homme d'un caractère ferme et droit, tel qu'il le fallait à une réunion de solitaires qui n'avait de lien que leur persévérance dans leurs propres résolutions.

Cette réunion commençait à se former. L'exemple de Lemaître avait attiré près de lui plusieurs autres pénitens, parmi lesquels on remarquait son jeune frère Séricourt, qui voulut jeter *son épée aux pieds de Saint-Cyran, comme son aîné y avait mis sa plume*, et de Bascle, qui conservait dans le cloître son costume béarnais. L'amour du pays était la seule illusion qui l'eût suivi au désert.

Ce fut au milieu de ces pieux reclus que Hillerin, curé de Saint-Merry, revenant de Poitou, où il était allé, lui aussi, chercher le silence et l'étude, déposa un tout jeune homme, nommé Fontaine, le futur historien de la sainte colonie. Demeuré seul, après la mort de tant de grands hommes, comme pour faire leur oraison funèbre, Fontaine recueillit ses souvenirs dans un livre qu'on pourrait nommer la légende dorée de Port-Royal, livre éloquent à force de naïveté. Nous citerons souvent ses simples paroles, toutes pleines d'un douloureux amour du passé.

Voici en quel état Fontaine trouva Port-Royal-des-Champs : « Lorsque, pour
» prendre l'air, dit-il, je sortais quelque-
» fois et me promenais dans les dehors,
» j'avoue que je me sentais frappé d'une
» sainte frayeur dans cette triste solitude,
» qui, réduite de toutes parts à une espèce
» de friche, pleurait en quelque sorte la
» sortie des religieuses qui l'avaient aban-
» donnée... Les serpens étaient de toutes
» parts dans les jardins, et tout y était
» dans cet état affreux où sont les lieux
» qu'on ne cultive plus avec soin. »

Plus tard, à l'âge de soixante-douze ans, Fontaine, se rappelant les jours de sa jeunesse et les saints exemples qu'il recevait, laisse échapper ce cri vers Dieu : « Vos
» serviteurs, comme des géans, couraient
» à grands pas dans votre voie, et moi
» j'étais un enfant qui ne pouvais encore
» marcher. Ils étaient comme des aigles

» qui portaient leur vol bien haut par les
» ailes que vous leur aviez données; et
» moi j'étais comme un faible oiseau que
» votre miséricorde mettait à couvert de
» bonne heure dans ce lieu, comme dans
» un nid, jusqu'à ce qu'il me fût venu des
» plumes. — Ce n'était pas moi, mon
» Dieu, qui les cherchais, c'était vous qui
» me conduisiez à eux. J'étais vraiment
» alors comme un petit enfant qui ne fait
» que de naître, que l'on porte où l'on
» veut, dont on a soin sans qu'il le sache,
» et à qui l'on donne le lait dont il a be-
» soin, sans qu'il connaisse encore ni sa
» mère, ni sa nourrice. »

Mais Saint-Cyran emprisonné, un homme vint au nom de Richelieu réclamer les fugitifs, et cet homme était Laubardemont. Les solitaires accueillirent le sombre messager avec une douce et sereine ironie. Le maître et l'envoyé de Richelieu ne parlaient pas la même langue.

« N'avez-vous jamais eu de visions? » lui dit brusquement Laubardemont.

« Quelquefois, répondit froidement Le-
» maître. Quand j'ouvre cette fenêtre (et
» il montrait du doigt une des fenêtres de
» sa chambre), je vois le village de Vau-
» murier; et quand j'ouvre celle-ci, ajouta-
» t-il en en montrant une autre, je vois
» celui de Saint-Lambert. Ce sont là toutes
» mes visions. »

Laubardemont se retira : mais au bout de huit jours, il vint un ordre aux solitaires de quitter Port-Royal-des-Champs; ils se retirèrent auprès de La Ferté-Milon : c'était en 1638.

Or, il y avait en ce temps-là à La Ferté-Milon une honnête famille dont le chef avait hérité de son père la charge de contrôleur du grenier à sel. Il se nommait Racine, et venait d'épouser la fille du procureur du roi des eaux-et-forêts de Villers-Coterêts. Ces bonnes gens firent fête aux proscrits. C'est ainsi que le premier exil des maîtres de Port-Royal les amenait auprès du berceau de leur plus noble élève, Jean Racine, le grand poète; il naquit le 31 décembre de l'année suivante dans cette maison sanctifiée par une courageuse hospitalité. N'est-ce pas avec la naïve familiarité d'une affection vraiment paternelle, que pendant un autre exil qui avait ramené Lemaître à la Chartreuse de Bourg-Fontaine, il écrivait *au petit Racine* :

« Mon fils, je vous prie de m'envoyer
» au plus tôt l'*Apologie des saints pères*,
» qui est à moi, et qui est de la première
» impression. Elle est reliée en veau mar-
» bré, in 4°. J'ai reçu les cinq volumes de
» mes *Conciles*, que vous aviez fort bien
» empaquetés. Je vous en remercie. Man-
» dez-moi si tous les livres sont au château,

« bien arrangés sur des tablettes, et si mes
» onze volumes de saint Jean Chrysostôme
» y sont; et voyez-les de temps en temps
» pour les nettoyer. Il faudrait mettre de
» l'eau dans les écuelles de terre où ils
» sont, afin que les souris ne les rongent
» pas. Faites bien mes recommandations
» à votre bonne tante, et suivez bien ses
» conseils en tout. La jeunesse doit tou-
» jours se laisser conduire, et tâcher de
» ne point s'émanciper. Peut-être que
» Dieu nous fera revenir où vous êtes. Ce-
» pendant il faut tâcher de profiter de
» cette persécution, et faire en sorte
» qu'elle nous serve à nous détacher du
» monde, qui nous paraît si ennemi de la
» piété. Bonjour, mon cher fils; aimez
» toujours votre papa comme il vous aime;
» écrivez-moi de temps en temps. Envoyez-
» moi aussi mon Tacite in-folio. »

Cependant il n'était bruit à La Ferté-

Milon que des hôtes inconnus de madame Vitart : c'était la tante de notre Racine. Ils ne paraissaient à la ville que les dimanches et les fêtes, et on les rencontrait quelquefois dans les bois voisins, cherchant les lieux les plus secrets, pour y répandre leurs prières. Richelieu comprit bien vite que les doctrines de Port-Royal seraient moins contagieuses à Port-Royal même que dans une ville qui se laissait prendre si aisément à l'austère séduction de leur nouveauté, et permit aux solitaires de revenir dans leur retraite.

A cette époque se rattache la première institution de ces fortes et savantes écoles qui jetèrent au dix-septième siècle de si vives lumières. C'était d'abord quelques jeunes gens des familles les plus distinguées que leurs parens confièrent isolément à l'un ou à l'autre des solitaires. La renommée de cet enseignement s'accrut avec rapidité, et bientôt il fallut donner une succursale à la petite maison de la rue Saint-Dominique-d'Enfer, où ces écoles avaient pris naissance. Les maîtres illustres se multipliaient avec les élèves. En tête des premiers, saluons un nom vénérable, celui de Claude Lancelot, et après ce nom celui de Pierre Nicole, qui ne sortit à vingt ans du collége d'Harcourt que pour venir à Port-Royal vouer à l'éducation de l'enfance la précieuse lucidité de sa pensée. Lancelot, esprit juste et ferme, portait dans l'enseignement cette grave et patiente douceur qui s'empare vite des ames jeunes. Nicole, génie fin et subtil, distrait à la façon d'Archimède, avait au fond du cœur je ne sais quoi de tendre et de naïf qui s'est trop rarement épanché dans ses écrits.

On croira sans peine que l'inimitié des jésuites contre le *désert* se fortifia grandement du dépit que leur inspirait la naissante popularité des écoles nouvelles. La *société* était frappée au cœur si la jeunesse continuait à se détourner d'elle pour s'en aller vers Port-Royal. Les jésuites le comprirent : leur force était bien moins dans la conviction qui pouvait naître de leurs doctrines que dans une sorte de séduction douce et caressante qui, pour arriver à l'intelligence, commençait par s'emparer des affections de l'ame.

Au reste, cette rivalité d'influence ne fit que remuer des ressentimens qui dataient de plus loin. L'archevêque que le pape avait envoyé aux catholiques d'Angleterre trouva dans la société de Jésus une opposition turbulente et tracassière. Saint-Cyran prit fait et cause pour l'épiscopat; et le livre qu'il publia à cette occasion, en conciliant aux théologiens de son école le suffrage des évêques de France, lui fit d'irréconciliables ennemis. Les jésuites, qui, par les statuts de leur ordre, s'engageaient à n'accepter aucune dignité dans l'Église, avaient, comme on peut le croire, un puissant intérêt à ruiner dans sa base la hiérarchie épiscopale.

Il y avait d'ailleurs dans ce livre une pensée démocratique qui ne pouvait trouver faveur auprès des jésuites, mais qui, par cette même raison, acquit au jansénisme la sympathie du clergé de France, je veux parler de l'élection ecclésiastique. Si cet appel aux vieilles coutumes de la société chrétienne irrita le saint-siége, auquel Saint-Cyran égalait presque l'épiscopat, il émut si profondément le clergé de France, que les jansénistes ne perdirent jamais complétement leur cause auprès des curés de Paris.

Mais en attaquant devant le tribunal du pape la société qui les gênait, les jésuites se gardèrent bien de laisser voir la cause véritable de leur animosité. La querelle, en partant pour Rome, se dépouilla des apparences de tout ressentiment haineux et personnel, et arriva sous la forme d'une question théologique.

Cette question était encore celle de la grâce. Pierre Cornet, syndic de Sorbonne, s'effrayant de voir la nouvelle doctrine tenir tête chaque jour aux opinions reçues, et se faire jour jusque dans les thèses des bacheliers, aborda de front cette doctrine dans le livre où elle se présentait avec le plus d'éclat, dans l'ouvrage de Jansénius. Ce livre, les jésuites l'avaient d'abord attaqué dans leurs thèses. Le 6 mars de l'année 1642, le pape Urbain VIII avait cru devoir assoupir ces querelles et jeter entre les combattans son sceptre pastoral; il suivait en ceci l'exemple de Paul V, qui, en 1607, effrayé des conséquences d'une lutte que neuf ans de discussions n'avaient pu mener à terme, prononça la dissolution de la commission *de Auxiliis*, et recula devant la solution du problème. Urbain VIII ne faisait donc en 1642 que renouveler les bulles de Paul V. Mais ces bulles avaient imposé silence aux deux partis sans juger le fond de la question, et ce fut au cœur même de la question que Pierre Cornet ramena intrépidement le pape Innocent X. Il s'appliqua à extraire de l'*Augustinus* sept propositions qu'il dénonça à la Sorbonne. La Sorbonne réduisit les sept propositions à cinq, qu'elle n'osa même pas positivement condamner.

On va se demander comment, avec la popularité des jansénistes, il se trouva l'année suivante quatre-vingt-huit évêques pour appeler sur les cinq propositions la censure pontificale. La réponse est facile à faire : c'est que jamais les jansénistes n'ont prétendu défendre les cinq propositions, et qu'ils les virent alors condamner sans trop de peine. Ils se bornèrent à nier qu'elles fussent dans le livre de Jansénius. Mais il arriva de cette querelle comme de toutes les querelles humaines : beaucoup accusèrent qui n'avaient pas lu, beaucoup défendirent qui n'avaient pas lu davantage. Il se trouva des jésuites pour dire que les cinq propositions étaient textuellement dans Jansénius, et des jansénistes pour affirmer que c'était là l'assertion de tous leurs adversaires, ou pour nier que la bonne foi pût se méprendre au langage de Jansénius.

Mais là ne s'arrêta pas la fervente inimitié des jésuites. Étonnés de voir les jansénistes faire si bon marché de la doctrine présumée du maître, ils rejetèrent la question du droit dans le fait, et n'eurent aucun repos que le pape n'eût condamné les propositions comme étant de Jansénius, et à son sens. Peu nous importe sans doute de savoir si l'hérésie était ou n'était pas dans le livre censuré; mais ce qu'il importe à l'histoire de relever, c'est l'acharnement des censeurs.

Le pape avait condamné Jansénius; mais c'était peu s'il ne condamnait pas aussi les jansénistes.

« — Le pape a condamné ces cinq pro-
» positions, » disaient les jésuites.

« — Et, à notre sens, elles sont condam-
» nables, » répondaient les jansénistes.

« — Même dans Jansénius, » répondaient les jésuites.

« — Là, comme partout où elles peuvent
» se rencontrer, » répliquaient les jansénistes.

« — Et elles se trouvent dans Jansénius, » continuaient les jésuites.

« — Qu'elles y soient ou non, » disaient les jansénistes.

« — Mais elles y sont, » poursuivaient les jésuites.

« — Qu'importe, si nous les condamnons? » ajoutaient les jansénistes.

« — Mais elles y sont bien, » disaient en insistant les jésuites

« — Non! » dirent tout à coup les jansénistes.

Ce *non* fut tout une hérésie. D'accord avec Rome sur le point de droit, les jansénistes niaient le fait. Leurs adversaires n'avaient plus qu'un moyen, c'était de soutenir l'indivisibilité du fait et du droit; ils le firent. Un formulaire fut dressé, qu'on dut présenter à la signature de tous les ordres religieux. Mais le ridicule en fit justice; et on se vit forcé de le mettre en réserve pour d'autres temps.

Que faisaient cependant nos solitaires? Sortons de cette polémique haineuse, et

allons un moment nous reposer sous les paisibles ombrages de Chevreuse. Ces hommes que vous voyez épars dans la vallée et mêlés aux travaux des champs sont ceux-là même dont l'ambition vient d'être dénoncée au pape. « Je les croyais,
» dit Fontaine, avec de petits justaucorps
» de toile ou d'autre étoffe qui ne valait
» pas mieux. Ils étaient comme de véri-
» tables paysans, sans avoir rien qui les
» distinguât, que leur air qui les trahis-
» sait, et leur silence plein de piété. »

Puis venaient de naïves querelles. « L'un
» plaidait pour des blés et des avoines ;
» l'autre prétendait que ses légumes et ses
» choux ne devaient pas être méprisés.
» Celui-ci présentait sa requête pour ses
» plants d'arbres qu'il avait la douleur,
» après tant de peines et de si belles espé-
» rances, de voir mourir faute de fumier ;
» celui-là disait que sa vigne devait être

» privilégiée, et méritait d'être préférée à
» tout. »

Sacy, qui, comme on le sait peu communément, s'occupait alors à mettre en vers les *Racines grecques*, étant arrivé au mot *fumier*, écrivit : « Le fumier aux champs » a la vogue. » Ainsi beaucoup de ces vers, qui nous semblent aujourd'hui si ridicules, devaient avoir à Port-Royal un charme infini, parce qu'ils rappelaient mille petits incidens de la vie rustique qu'on y menait.

Une triste nouvelle troubla tout à coup cette vie paisible. Saint-Cyran mourut, frappé d'apoplexie, le 11 octobre 1643. On lui fit à Paris des funérailles magnifiques. Des prélats se mêlèrent à l'humble cortége de l'abbé. Il y eut au désert moins d'éclat et plus de douleur. Inconsolable dans ses regrets, Lemaître essayait d'en triompher en se précipitant avec fureur

dans toutes les fatigues du corps. « Il allait
» dit Fontaine, scier les blés avec les
» autres ouvriers qu'on prenait à la jour-
» née, qui étaient surpris de le voir au
» bout d'un sillon lorsqu'ils n'étaient en-
» core qu'au commencement; et lorsqu'il
» était tout trempé de sueur, il prenait
» froidement son chapelet, et le récitait
» en se ressuyant au grand soleil. »

La mort de l'abbé de Saint-Cyran laissa tout entière à Singlin la direction de Port-Royal. Ce dernier s'était long-temps effrayé de cette mission. Confesseur des religieuses de Paris, il avait été souvent agité, c'est encore Fontaine qui parle, « de ces tempêtes d'esprit qui sont pro-
» pres aux pasteurs des ames, » et il avait fallu pour le convaincre toute l'éloquence de Saint-Cyran. Ils eurent ensemble à ce sujet un de ces longs et graves entretiens tels qu'en plaçait parfois au bord de la

mer l'imagination des pères de l'Église latine.

Les prédications de Singlin le retenaient souvent à Paris. Il lui fallut chercher un vicaire pour Port-Royal-des-Champs. Manguelen qu'il choisit, homme de science et de vertu, mourut au bout de peu de temps.

« Singlin, averti de la maladie de M.
» Manguelin, ne vint, dit Fontaine, que
» lorsque son ami venait d'être mis en
» terre, et que nous sortions des funé-
» railles. M. Lemaître, qui avait donné
» ordre qu'on l'avertît dès qu'on le ver-
» rait arriver, alla promptement le rece-
» voir à la porte de l'avenue, avec son
» ouverture ordinaire. M. Singlin, dès
» qu'il l'aperçut, lui demanda comment
» se portait M. Manguelen. Il lui dit,
» d'un air le plus gai qu'il put, qu'il n'é-
» tait plus malade. Il l'entretint, dans les

» cours qu'il fallait passer pour aller à
» l'église, où il avait toujours coutume
» d'aller en descendant de cheval. M. Sin-
» glin le mettait toujours sur M. Man-
» guelen. Enfin il entra dans l'église, où,
» après avoir adoré Dieu, il aperçut une
» fosse toute fraîche couverte, et presque
» au milieu du sanctuaire, où l'on avait
» mis M. Manguelen par bonheur. M. Sin-
» glin se leva promptement avec un vi-
» sage étonné, regarda M. Lemaître sans
» pouvoir rien dire. M. Lemaître se jeta
» à son cou, et, sans pouvoir parler l'un
» et l'autre que par leurs larmes, ils mon-
» tèrent dans une chambre pour pleurer
» à leur aise leur ami mort. »

Il ne manque à cette scène pathétique que le pinceau de Lesueur.

De Sacy, qui venait de prendre les ordres, remplaça Manguelen. Quelque temps avant la mort de ce dernier, Arnaud d'Andilly était venu prendre à Port-Royal la place que depuis deux ans il s'y était marquée. L'homme à qui Saint-Cyran avait légué son cœur ne pouvait trouver que bon accueil au *Désert*. Il y fut reçu avec enthousiasme. Sa bonne mine, ses yeux vifs, sa noble démarche, ses beaux cheveux blancs, sa voix éclatante, sa haute renommée, tout ce qui en lui étonnait encore Louis XIV, lorsqu'à l'âge de quatre-vingts ans le solitaire vint rendre visite au monarque, attiraient au nouveau-venu tous les regards. Sa grace à monter à cheval n'était égalée que par son adresse à tailler les arbres. Ce fut, avec la traduction de Flavius Josèphe, son occupation à Port-Royal. Sous sa direction, les jardins de la communauté gagnèrent en beauté et en étendue. Il y avait là quelque chose encore des traditions du grand siècle : on les retrouvait aussi dans la politesse exquise avec laquelle Arnauld d'Andilly faisait aux étrangers les honneurs de Port-Royal.

Il manque une physionomie à ce tableau de famille, celle du médecin Pallu. C'était un petit homme de commerce doux et facile, qui avait voué ses jours à la pénitence, et son art aux solitaires.

« Il se fit bâtir un petit logis, dit Fon-
» taine, qui a été depuis appelé le *petit*
» *Pallu*, et à cause de la petitesse bien
» juste et bien ramassée de ses apparte-
» mens, et à cause de la taille de son
» maître qui avait tout petit, excepté l'es-
» prit : petit corps, petit logis, petit che-
» val, mais tout bien pris, tout bien pro-
» portionné et bien agréable. »

Il mourut, et on lui donna pour successeur un homme rude, brusque, impitoyable. Il se nommait Hamon. « Dès qu'on
» ouvrait la bouche, selon la liberté qu'on

« avait toujours eue du temps du défunt,
» pour représenter bonnement quelque
» chose et pour tâcher d'entrer en com-
» position touchant quelque nouvelle
» saignée ou purgation dont il était fort
» libéral, épargnant tout aussi peu le
» sang que le séné, on voyait un homme
» sourd et inflexible qui, prenant un air
» sérieux et un ton grave, faisait sonner
» sa qualité de docteur en médecine, et
» les 4,000 livres qu'elle lui avait coûtées. »
Ce joug pesait aux malades; il y eut même un moment où les pilules d'un certain M. Duclos et la poudre infaillible d'un empirique nommé Jacques faillirent l'emporter sur le diplôme et les 4,000 francs de science du docteur Hamon. Par bonheur de Sacy intervint, et la faculté, impitoyablement immolée à Paris par Molière, eut l'honneur sauf à Port-Royal.

Une petite anecdote que je vais raconter

prouvera que ces pieux solitaires n'étaient pas toujours étrangers à ces petites intrigues d'intérieur qui sont dans les temps ordinaires les événemens des monastères. Le jeune Fontaine avait connu à Paris Arnaud d'Andilly, et ce dernier depuis long-temps l'avait pris en affection. Tout portait à croire qu'à son arrivée à Port-Royal, il le demanderait pour secrétaire. Manguelen et Lemaître, qui peut-être en avaient un autre à présenter, essayèrent de l'en détourner, et voici comment ils s'y prirent. Laissons parler Fontaine. « Lorsque je me mettais à table, M. Lemaître, soufflé par M. Manguelen, vint comme de dessous terre me dire :
« Vous aimez bien M. d'Andilly, n'est-ce
» pas? — Oui, sûrement, lui dis-je, Mon-
» sieur. — Vous allez donc être bien aise
» de le voir ? — Je l'espère aussi, lui ré-
» pondis-je. — Mais si l'on vous disait de

« n'avoir point d'empressement de le
» voir? » Je regarde M. Lemaître avec
quelque sorte d'étonnement, comme une
personne surprise. « Que feriez-vous? dit-
» il. — Je ferais ce que l'on m'ordon-
» nerait, lui dis-je, ne comprenant rien
à tout ce discours, qui était pour moi
une énigme. — S'il vous rencontrait en
» chemin, me dit-il, détournez-vous adroi-
» tement; s'il vous trouvait nez à nez et
» qu'il vous parlât, ne répondez qu'à
» demi-mot, et comme à bâtons rompus,
» et sans témoigner trop de chaleur et
» d'affection. Pourriez-vous contrefaire le
» niais? » ajouta-t-il; et en même temps
il me marquait par ses manières, par des
gestes, et par certains mots que je ne sais
comment placer, ce que pour cela il fallait
faire et dire. »

Fontaine fut docile aux ordres de Lemaître; seul il ne montra à d'Andilly ni em-

pressement de le voir, ni souvenir du passé. Il faut lire dans ses Mémoires les combats qu'il eut à soutenir pour demeurer fidèle à l'engagement qu'il venait de prendre, et avec quelle héroïque résignation se condamnant lui-même à perdre l'amitié d'Arnaud d'Andilly, il lui laissa toujours ignorer ce qui s'était passé. Il ne lui vint pas une fois en pensée qu'on l'eût pris pour dupe; et en se retraçant dans sa vieillesse ce souvenir de son jeune âge, il ne sait que remercier Dieu qui le détacha de d'Andilly pour l'associer à toutes les souffrances de de Sacy.

Les troubles de la Fronde un moment apaisés se réveillaient de nouveau. Condé se brouilla avec Mazarin, et marcha sur la capitale. Il fallut songer à dérober aux insultes du soldat les religieuses, depuis long-temps revenues à Port-Royal qu'on avait assaini : elles reprirent tristement le

chemin de leur maison de Paris. Ceux des solitaires qui habitaient les granges se retirèrent dans la partie du monastère que les religieuses abandonnaient. On résolut d'élever de petites tours le long des murailles, et d'y attendre les troupes du Mazarin. Le duc de Luynes dirigeait les fortifications, accompagné partout de Lemaître, *qui avait toujours à propos le petit mot de l'Écriture.* L'abbaye de Saint-Cyran ayant été pillée et l'abbé mis à rançon, on avait craint même chose pour Port-Royal. Il fallait voir ces pauvres reclus, ressaisis violemment par la vie réelle, divisés par brigades, et portant le mousquet. « On voyait alors, dit Fontaine, de vieux
» capitaines reprendre leur ton de com-
» mandement, et un métier depuis long-
» temps enseveli dans l'oubli. Ces vieux
» routiers, M. de Pontis, M. de Pétitière,
» M. de la Rivière, M. de Beaumoint,

« M. de Bessi et plusieurs autres, faisaient
« voir qu'ils savaient faire autre chose
« que de manier une bêche et de garder
« des bois. »

Cette ardeur martiale alla si loin qu'on s'en vint demander à de Sacy si on ne pourrait pas tirer pour tout de bon sur des coureurs qui viendraient se présenter aux portes pour les forcer, ou qui approcheraient des murailles. De Sacy se récria aussitôt; il dit qu'il suffirait de tirer à poudre et de faire du bruit. Mais l'approche des ennemis fit de nouveau examiner ce cas de conscience. Le pour et le contre furent débattus, et l'Écriture appelée en témoignage. De Sacy l'emporta cette fois encore. Je ne sais trop pourtant ce qui serait advenu, si l'ennemi eût fait mine de vouloir sommer le monastère : heureusement il ne vint pas.

A son défaut, les jésuites ne manquèrent pas de se présenter, et prenant au sérieux cette attitude guerrière, ils se hâtèrent de dire en tous lieux que ces fortifications étaient dirigées contre les puissances de l'Europe et les saines doctrines de l'Église; enfin, que les jansénistes allaient, comme les calvinistes, en appeler aux armes pour faire triompher l'hérésie. On trouva aisément quelqu'un pour formuler cette accusation et la porter au tribunal du roi; ce fut d'Aubusson de la Feuillade, archevêque d'Embrun; mais une lettre du grand Arnaud eut bientôt fait justice de la délation.

La Fronde, il faut le dire, n'était pas ennemie de Port-Royal. Lorsque Richelieu eut abattu toute tête qui osait se dresser à côté de la royauté, lorsque Mazarin eut énervé toute volonté rebelle, ce qui restait de la Fronde se réfugia dans l'opposition janséniste, non qu'il y eût entre les deux camps sympathie de foi politique, mais par cela seul que le jansénisme était une opposition. Les jansénistes, à leur tour, ne purent, sous peine d'ingratitude, ne pas faire bon accueil à la Fronde, convertie au jansénisme, et se refuser à servir des ambitions qu'on accoutumait à parler leur langage. On sait avec quel zèle Port-Royal entra dans le parti du cardinal de Retz, lorsque ce héros du bréviaire, comme on disait alors, essaya de faire valoir ses droits sur l'archevêché de Paris. Nous ne raconterons pas la longue histoire de cette lutte; il nous suffira de dire que les solitaires rédigèrent plus d'une fois les manifestes du coadjuteur. Ils remuèrent si profondément les esprits que le cardinal crut pouvoir faire un premier essai de son autorité : il nomma deux grands-vicaires, Haudencq, curé de Saint-Séverin, et Chassebras, curé de la Madeleine.

Le Châtelet, qui ne reconnaissait en aucune façon l'autorité du cardinal, fit brûler sa circulaire par la main du bourreau, et, par un arrêt du 27 septembre 1655, bannit les deux grands-vicaires. L'un d'eux se réfugia dans les tours de Saint-Jean-en-Grève, d'où il lançait à ses adversaires d'éloquentes menaces. L'autel de la Madeleine recevait les lettres des partisans de Chassebras et leur transmettait les réponses. La guerre dura de la sorte jusque vers 1661, que le cardinal de Retz se résigna à se démettre de l'archevêché de Paris. Il avait compris que le temps de la Fronde était passé, et ne voulut pas compromettre la renommée de sa vie aventureuse dans le prosaïque détail d'un procès dont le menaçait Louis XIV. Il sentait d'ailleurs confusément que toute gloire individuelle allait pâlir et disparaître devant celle du jeune monarque :

deux camps sympathie de foi politique, mais par cela seul que le jansénisme était une opposition. Les jansénistes, à leur tour, ne purent, sous peine d'ingratitude, ne pas faire bon accueil à la Fronde, convertie au jansénisme, et se refuser à servir des ambitions qu'on accoutumait à parler leur langage. On sait avec quel zèle Port-Royal entra dans le parti du cardinal de Retz, lorsque ce héros du bréviaire, comme on disait alors, essaya de faire valoir ses droits sur l'archevêché de Paris. Nous ne raconterons pas la longue histoire de cette lutte; il nous suffira de dire que les solitaires rédigèrent plus d'une fois les manifestes du coadjuteur. Ils remuèrent si profondément les esprits que le cardinal crut pouvoir faire un premier essai de son autorité : il nomma deux grands-vicaires, Haudencq, curé de Saint-Séverin, et Chassebras, curé de la Madeleine.

Le Châtelet, qui ne reconnaissait en aucune façon l'autorité du cardinal, fit brûler sa circulaire par la main du bourreau, et, par un arrêt du 27 septembre 1655, bannit les deux grands-vicaires. L'un d'eux se réfugia dans les tours de Saint-Jean-en-Grève, d'où il lançait à ses adversaires d'éloquentes menaces. L'autel de la Madeleine recevait les lettres des partisans de Chassebras et leur transmettait les réponses. La guerre dura de la sorte jusque vers 1661, que le cardinal de Retz se résigna à se démettre de l'archevêché de Paris. Il avait compris que le temps de la Fronde était passé, et ne voulut pas compromettre la renommée de sa vie aventureuse dans le prosaïque détail d'un procès dont le menaçait Louis XIV. Il sentait d'ailleurs confusément que toute gloire individuelle allait pâlir et disparaître devant celle du jeune monarque :

il n'était plus qu'un moyen pour lui de rester original, c'était de se retirer du monde et de payer ses dettes : il paya ses dettes et alla s'ensevelir à Commercy. Homme à part dans notre histoire, il se précipita au milieu des troubles de son temps comme un poète dramatique dans l'intrigue de son œuvre; artiste de complots et de conspirations, on peut douter que son ambition ait eu un autre but que de conspirer. S'il eût mené son drame à fin, il aurait été sans doute fort embarrassé d'un dénoûment qui l'eût fait ministre. Le pouvoir ne lui allait pas; l'exercice de l'autorité régulière veut un ensemble de facultés qui lui manquaient; le génie de Retz n'était à l'aise que dans l'imprévu d'une intrigue. Lorsque l'histoire se fit grave, il se sentit petit devant elle, et eut le bon esprit de se réfugier dans sa vieille abbaye, où le suivirent les sympathies de Port-Royal et l'amitié de madame de Sévigné.

Cependant la querelle ne s'était apaisée que pour renaître plus ardente. Le duc de Liancourt s'avisa de dire un matin : « Certaines gens ont l'ambition de mener les consciences, auxquels moi je ne confierais pas la conduite de mes poules d'Inde. » Ce mot fut contre lui le signal d'une petite conspiration de paroisse; et, Pâques venu, pas un prêtre n'osa l'absoudre.

Antoine Arnaud, qui déjà à cette époque était le grand Arnauld, n'eut garde de laisser passer le fait inaperçu : il écrivit, à ce sujet, sa fameuse *lettre à un seigneur de la cour*. Aussitôt grande rumeur en Sorbonne ; soixante-dix docteurs se rangèrent du côté d'Arnaud, mais il s'en trouva cent trente pour le condamner.

Pendant le cours du procès, Arnaud

s'était caché, et ses amis, Nicole et Lemaître, l'avaient suivi dans sa retraite. Par bonheur, Fontaine y était aussi, qui nous a fait le récit des craintes et des périls de tout genre au milieu desquels ils vivaient. Chaque jour c'étaient de nouvelles alarmes, mais qui n'altéraient pas la sérénité des fugitifs. Après les longues études, après les mystiques entretiens, leur passe-temps le plus ordinaire était de s'amuser des naïves distractions du bon Nicole. Nicole, qui savait à peine qu'il était proscrit, continuait paisiblement ses *Essais de morale*, et souvent sa préoccupation l'exposait à ce que Lemaître appelait ses voyages dans l'île des abstractions.

« Je ne sais comment un jour, dit Fon-
» taine, en parlant de faire un lit, M. Le-
» maître, qui voyait son inapplication à ce
» qu'il faisait, lui dit qu'il mettait en fait

» qu'étant abstrait comme il l'était, il ne
» pourrait jamais venir à bout de faire un
» lit. M. Nicole, surpris de cette proposi-
» tion, se piqua d'honneur sur l'heure ;
» et, rappelant en lui-même tout ce qu'il
» avait de présence d'esprit, il entreprit,
» comme un grand *opéra*, la fatigue de
» faire son lit, voulant même nous avoir
» pour témoins de son savoir-faire. Nous
» le regardions tranquillement. Il est vrai
» qu'il faisait merveille ; il suait, il tour-
» mentait fort sa petite figure. La paille,
» la plume, tout fut bien remué, il ne
» laissa pas un petit pli. Il s'applaudissait
» en secret d'avoir l'avantage sur M. Le-
» maître, en présence d'une si bonne com-
» pagnie ; mais, par malheur pour lui,
» lorsqu'on visita son chef-d'œuvre, il se
» trouva qu'il n'avait mis qu'un drap et
» avait oublié l'autre, ce qui nous divertit
» un peu et le fit aussi sourire lui-même,

» quoiqu'il fût un peu honteux. » Si les historiens nous peignaient ainsi leurs grands hommes, en les rapprochant de l'humanité, ils rendraient l'exemple de leurs vertus plus profitable au genre humain. Les grands hommes tels qu'on nous les fait nous effraient plus qu'ils ne nous invitent à les imiter.

Ce fut au mois de janvier 1656 qu'Arnaud fut censuré et rayé du nombre des docteurs.

Cette censure amena sur le champ de bataille l'homme qui seul peut-être y restera debout, lorsque le temps, qui a déjà dévoré la querelle, ensevelira à leur tour les athlètes dans le même oubli. Pascal, dès cette époque, avait un nom grand dans les sciences ; sa pensée déjà s'était élevée à cette hauteur d'où, plus tard, elle se hâta de redescendre, épouvantée du vertige qui l'avait saisie. Un jour qu'il se prome-

nait en voiture sur la rive droite de la
Seine, à Neuilly, ses chevaux s'emportèrent ; mais par bonheur ils brisèrent
leurs traits, et la voiture s'arrêta brusquement au bord de l'eau. Cet accident
agita fortement l'imagination de Pascal,
et, de son imagination, le trouble passa
dans ses sens; il revint pensif à Paris. Des
jours si miraculeusement sauvés ne pouvaient désormais appartenir qu'à Dieu.
Pascal se ressouvint alors de la doctrine
de Saint-Cyran, qui avait eu toutes les
sympathies de sa jeunesse, et à laquelle
sa jeune sœur était demeurée fidèle. Cette
sœur vint à propos pour ranimer en
lui l'ardeur de leurs communes admirations, et attirer son frère à Port-Royal. Ce
fut un beau jour au *Désert*.

Les Mémoires de Fontaine rapportent
un admirable entretien entre Pascal et
de Sacy, et je m'étonne qu'aucun éditeur

des *Pensées* n'ait eu l'idée de le joindre tout entier à ce recueil. Nulle part ne se déroule plus logiquement le système critique dans lequel s'arrêta un moment ce grand génie avant de passer de la science humaine à la philosophie divine. Ces vingt pages, écrites sans prétention par un pauvre solitaire et jetées pêle-mêle à travers les mille souvenirs du vieillard, ont je ne sais quelle haute et sévère poésie que ne vaut pas toujours la grace athénienne des dialogues de Platon. Pascal résume énergiquement la philosophie d'Épictète et celle de Montaigne, les deux plus grands défenseurs, à son sens, des deux sectes antiques les plus célèbres, les seules du moins dont les opinions soient liées et conséquentes. On entrevoit déjà dans cette éloquente exposition l'homme qui, dans ses dernières années, placé sous l'empire du doute, ce vertige de la pensée, ne verra que précipices ouverts devant ses pas. Voici quelques lignes de ces deux portraits de Montaigne et d'Épictète.

« Épictète est un des hommes du monde
» qui ait mieux connu les devoirs de
» l'homme. Il veut, avant toutes choses,
» qu'il regarde Dieu comme son principal
» objet, qu'il soit persuadé qu'il fait tout
» avec justice. Ne dites jamais, dit-il : J'ai
» perdu cela ; dites plutôt : Je l'ai rendu...
» Il ne se lasse pas de répéter que toute
» l'étude et tout le désir de l'homme doivent
» être de reconnaître la volonté de Dieu
» et de la suivre. Voilà les lumières de ce
» grand esprit, qui a si bien connu les
» devoirs de l'homme. J'ose dire qu'il mé-
» riterait d'être adoré s'il avait aussi bien
» connu son impuissance, puisqu'il fallait
» être Dieu pour apprendre l'un et l'autre
» aux hommes. » Ne sentez-vous pas, sous ces derniers mots, un accent plus ferme,

une parole plus vive que l'accent et que la parole du solitaire qui écrit?

« Pour Montaigne, continue Pascal, il
» met toutes choses dans un doute uni-
» versel et si général, que ce doute s'em-
» porte soi-même, et que l'homme doutant
» même s'il doute, son incertitude roule
» sur elle-même dans un cercle perpétuel
» et sans repos... Il rejette bien loin cette
» vertu stoïque qu'on peint avec une mine
» sévère, un regard farouche, des che-
» veux hérissés, le front ridé et en sueur,
» dans une posture pénible et tendue, loin
» des hommes, dans un morne silence, et
» seule sur la pointe d'un rocher; fantôme,
» à ce qu'il dit, capable d'effrayer les en-
» fans, et qui ne fait là autre chose, avec
» un travail continuel, que de chercher
» le repos, où elle n'arrive jamais. Sa
» science est naïve, familière, plaisante,
» enjouée, et pour ainsi dire folâtre; elle

« suit ce qui la charme, et badine négli-
» gemment des accidens bons ou mauvais,
» couchée mollement dans le sein d'une
» oisive tranquillité, d'où elle montre aux
» hommes qui cherchent la félicité avec
» tant de peine, que c'est là seulement où
» elle repose, et que l'ignorance ou l'in-
» curiosité sont de doux oreillers pour
» une tête bien faite, comme il le dit lui-
» même. »

Et ce bon M. de Sacy, qui de sa vie n'avait lu Montaigne ou Épictète, « croyait
» être dans un nouveau pays et entendre
» une nouvelle langue, et il se disait en lui-
» même ces paroles de saint Augustin :
» O Dieu de vérité! ceux qui savent les
» subtilités de raisonnement vous sont-ils
» pour cela plus agréables? » Puis il se souvenait que saint Augustin, son maître, les avait aimées, les avait recherchées, ces subtilités de raisonnement. « Il

» avoue, dit-il, qu'il y a en cela un cer-
» tain agrément qui enlève. On croit quel-
» quefois les choses véritables parce qu'on
» les dit éloquemment. Ce sont des viandes
» dangereuses que l'on sert dans de beaux
» plats; mais ces viandes, au lieu de nour-
» rir le cœur, le laissent vide. On ressemble
» alors à des gens qui dorment et qui
» croient manger en dormant. »

Mais ce sont là quelques phrases détachées; ce n'est ni le mouvement du dialogue, ni l'attitude des personnages. Il y a dans la parole du premier je ne sais quel feu sombre qui éclate par moment en soudaines et lumineuses révélations; et sur les lèvres du second le sourire paisible d'une conscience qui se repose en quelque chose de plus haut que l'homme.

Gardons-nous de croire cependant que tous les solitaires aient eu le dédain de de Sacy pour la métaphysique profane.

Antoine Arnauld, en quittant le monde pour aller se joindre à ses neveux, emporta avec lui la science *païenne* qu'il avait acquise, et ce fut par lui que Descartes entra au *Désert*. La philosophie cartésienne ne remua pas les esprits, à Port-Royal, avec moins de puissance qu'elle n'avait fait dans ce siècle. A tout cela, Sacy disait que « M. Descartes était simplement un » voleur qui venait en chasser un autre. » L'autre voleur, c'était Aristote.

Le système de Descartes sur l'ame des bêtes préoccupa surtout nos solitaires. Le château de Vaumurier, qui appartenait au duc de Luynes ou peut-être au duc de Liancourt, était devenu une véritable école de cartésianisme. Arnauld et ses amis, comme s'ils n'eussent encore osé ouvrir aux idées nouvelles les portes de Port-Royal, semblaient avoir adopté Vaumurier comme un pays neutre en métaphysique.

» On ne se faisait plus une affaire de
» battre un chien; on disait que ces bêtes
» étaient des horloges, que le bruit qu'elles
» faisaient, quand on les frappait, n'était
» que le bruit d'un petit ressort qui avait
» été remué. » Jean de la Fontaine, où
donc étiez-vous alors? Sans doute, nonchalamment assis entre le chien et le chat de madame de la Sablière, vous composiez cette jolie fable du *Chat-Huant et des Souris*.

Cet engouement pour Descartes paraîtra naturel si l'on pense que, précisément à la même époque, dans le royal palais de Stockholm, une reine se faisait éveiller, chaque jour, à cinq heures, pour aller entretenir, dans sa bibliothèque, le philosophe breton. Il y eut même dans la vie de cette reine un jour où, à force de ne plus croire à l'ame des bêtes, elle se lassa de croire à l'ame des hommes, et pour un caprice jaloux, tua la *machine* qu'elle aimait.

Arnaud cependant ne triompha pas de tous les incrédules. Un soir qu'il s'épuisait à défendre le système, le duc de Liancourt lui dit : « J'ai là-bas deux chiens » qui tournent la broche chacun leur jour. » L'un, s'en trouvant embarrassé, se » cacha lorsqu'on l'allait prendre, et on » eut recours à son camarade pour tourner » au lieu de lui. Le camarade cria, et fit » signe de sa queue qu'on le suivît. Il alla » dénicher l'autre dans le grenier et le » houspilla. Sont-ce là des horloges ? »

Descartes nous ramène naturellemet à Pascal. Déjà donc il existait des relations entre Pascal et Port-Royal, à l'époque où arriva l'accident rapporté plus haut; mais cet événement le donna tout entier au *Désert*.

Les Provinciales parurent en 1656. La

merveilleuse vivacité des premières et la sublime énergie des autres donnèrent gain de cause aux jansénistes, en leur prêtant pour auxiliaires le génie et le ridicule. Que M. de Maistre nomme *les Provinciales* ces *immortelles menteuses*, que les ennemis aveugles des jésuites argumentent de la parfaite sincérité de Pascal, peu nous importe aujourd'hui. Le génie de la civilisation a jeté hors de sa route jansénistes et molinistes ; la querelle est morte, reste le beau livre. Il n'y a plus aujourd'hui de cette grande lutte ni vainqueurs ni vaincus. Je me trompe, il y a des vainqueurs, la langue française et le génie dramatique. Pascal fut le précurseur de Molière, et annonça Bossuet.

Les ennemis de Port-Royal avaient fermé ses écoles et dispersé les solitaires ; *les Provinciales*, par leur influence, ramenèrent les solitaires et rouvrirent les écoles.

il fallut bien ajourner de nouveau la signature des bulles; mais une fois le ridicule entré dans la question, ce fut un duel à mort.

Mazarin mourut en 1661, et Louis XIV avait grandi. Louis XIV s'étonna de voir en France une école qui osait défendre sa pensée, quand sa pensée n'était pas celle du souverain, disons mieux, du confesseur du souverain. Or, ce confesseur, véritable ministre au département des opinions religieuses du roi, était alors le père Annat, un ardent ennemi des jansénistes. Le projet de la signature fut de nouveau repris avec violence, et le formulaire dressé, dès 1661, par l'assemblée du clergé, fut présenté à l'acceptation de tous les ordres religieux. En vain Angélique Arnauld se souleva sur son lit de mort pour écrire à la reine-mère une lettre empreinte de la grandeur de son caractère, et qui fut comme le testament d'une si belle vie; en vain les grands-vicaires du cardinal de Retz rédigèrent-ils un nouveau formulaire à l'usage des religieuses de Port-Royal; si Anne d'Autriche fut inflexible, Port-Royal ne le fut pas moins.

Ici se déroule, dans cette histoire, une magnifique époque de luttes héroïques et de cruelles persécutions. Angélique semblait avoir légué à ses sœurs l'invincible fermeté de son génie. L'archevêque Hardouin de Péréfixe, ne pouvant gagner par la parole l'esprit des religieuses du couvent de Paris, mit le siége devant leur maison. Il vint avec une compagnie des gardes, ayant à leur tête le lieutenant civil d'Aubray, sommer ces pauvres femmes de le suivre. Ces mesures de rigueur ne s'adressaient qu'aux plus anciennes; on laissa les autres au couvent. Il fallait traverser l'église pour arriver aux voitures qui attendaient à la porte. Un vieillard était assis sur l'une des marches de l'autel : c'était Arnauld d'Andilly qui avait alors quatre-vingts ans. Il se leva et marcha d'un pas ferme au-devant de sa sœur, qui n'avait qu'un an de moins que lui. Arrivés en face l'un de l'autre, ils se regardèrent un moment avec une douleur muette, puis s'embrassèrent en silence. C'était Port-Royal-des-Champs qui venait apporter à Port-Royal de Paris ses consolations et ses adieux.

L'archevêque n'osait encore porter les mains sur la première de ces deux maisons. Loin de là, comme le jansénisme pouvait gagner les divers couvens où il avait disséminé les religieuses, il permit à celles-ci d'aller demander asile à leurs sœurs de Chevreuse. La nouvelle en vint à Port-Royal, qui se porta tout entier au-devant des fugitives. N'était-ce pas ainsi qu'aux jours du christianisme naissant, les fidèles venaient recevoir dans leurs bras leurs frères confesseurs, sortis tout mutilés des amphithéâtres romains?

Toutes les religieuses ainsi réunies, l'archevêque ne fit plus aucune démarche de conciliation auprès d'elles, ordonna, au contraire, qu'on eût à resserrer la clôture, et leur ferma tout commerce avec les vivans. Les sacremens furent interdits aux religieuses. Cela se passait en 1666.

Mais les solitaires ne laissèrent pas au besoin l'ame de leurs pauvres sœurs de Port-Royal; du fond de leurs retraites ignorées, ils correspondaient avec elles. Chaque jour, c'étaient ruses nouvelles pour échapper à la vigilance de l'ennemi; chaque jour passait à travers les lances du Châtelet quelque lettre venue de Châtillon et signée Arnaud ou Nicole; quelque message parti d'une petite maison du faubourg

Saint-Jacques, où vivaient Fontaine et de Sacy, ou du sein de la famille Racine, avec laquelle Singlin avait renoué la vieille hospitalité de Lemaître. Ce dernier s'était éteint doucement, en 1658.

Cependant le jansénisme entra un beau matin dans l'âme de la duchesse de Longueville, qui tout à coup appela Singlin auprès d'elle et lui livra sa conscience. Cette princesse avait préludé à sa vie d'aventures en mettant aux prises Voiture et Benserade, les Jobelins et les Uranistes, les Guelfes et les Gibelins de ce temps-là. Elle fit, dans ces frivoles querelles, son apprentissage de la guerre civile. Puis, s'apercevant que le coadjuteur allait lui ravir le premier rôle dans la sédition, près de la fronde politique elle créa une fronde galante; et si, d'après le mot de Retz, elle ne fut que l'aventurière de l'une, elle fut certes l'héroïne de l'autre. Plus tard, lorsque les derniers débris de la Fronde se furent dispersés par le royaume, sous le coup de fouet de Louis XIV, la duchesse de Longueville se ressentit du poids des années, et de frondeuse elle se fit dévote. Mais tout en donnant à la dévotion la part que la galanterie avait eue jusqu'alors dans sa vie, elle se réserva une petite place dans les querelles du temps. C'était alors le tour de la théologie, et le combat était entre les jansénistes et les molinistes. Notre dévote avait eu affaire aux jésuites, et savait le fond de leur langue. Elle se fit janséniste par curiosité.

La mort de Singlin ne tarda pas à laisser à de Sacy la direction entière de Port-Royal et la conscience de la duchesse de Longueville. De Sacy avait déjà celle de la princesse de Conti. Par ses conseils, cette princesse confia au célèbre Lancelot l'éducation de ses enfans. Je rappelle à dessein cette circonstance, et voici pourquoi : Rien de plus remarquable que le plan conçu par Lancelot pour l'éducation de ses élèves, et ce plan, il se retrouve tout entier dans une admirable lettre qu'il écrivait à de Sacy. C'est l'*Émile* de Port-Royal.

Précisément à la même époque, un autre solitaire, qu'on ne nomme pas, écrivait aussi pour le duc de Liancourt un projet de de vie domestique, digne de ces belles pages de l'*Héloïse* où Rousseau a raconté la vie intérieure de son héroïne. Plusieurs des méthodes de Port-Royal ont vieilli; mais le bon sens ne vieillit pas. Ces *Avis à un homme de qualité* et cette lettre de Lancelot n'ont encore rien perdu de leur haut et sévère intérêt. Hâtons-nous de joindre à ces deux morceaux les conseils que Lemaître adressait aux traducteurs ses contemporains. Je m'étonne que la critique, neuve alors, qui a dicté ses conseils, n'ait pas fait pâlir plus tôt les *belles infidèles* de Perrot d'Ablancourt.

Cet hôtel de Longueville, dont les dernières pierres achèvent maintenant de tomber sous nos yeux, était devenu l'asile commun de *messieurs* de Port-Royal. Chaque jour, Fontaine et de Sacy allaient y travailler ensemble à traduire la Bible; mais cette traduction, commencée dans les belles solitudes de Chevreuse et continuée dans la persécution, devait s'achever à la Bastille, dans la chambre qu'y avait jadis occupée le surintendant Fouquet.

C'était au mois de mai de l'année 1666.

Sacy occupait avec Fontaine une petite maison au faubourg Saint-Antoine. Le voisinage de la Bastille leur porta malheur. Depuis quinze jours un espion ne les quittait pas, jusque-là même qu'une fois, comme ils allaient aux funérailles de quelqu'un des leurs, il passa la Seine avec eux, dans le même bateau. Le lieutenant de police prit ses mesures; il choisit le moment où de Sacy et Fontaine se rendaient à l'hôtel de Longueville, et un jour où par malheur la duchesse ne pouvait, comme de coutume, leur envoyer son carrosse. Obligés de faire le chemin à pied, nos deux amis prirent les *heures du matin*, et allèrent paisiblement à la fraîcheur. De Sacy priait; Fontaine lui dit en passant le long de la Bastille :

« En vérité, nous ne pensons pas assez
» à ceux qui sont enfermés en ce lieu. »

»—Assez, messieurs, dit une voix derrière eux; j'ai ordre de vous arrêter. »

C'était un des commissaires du lieutenant civil. Arrivés chez ce commissaire, on prit soin de les séparer. Fontaine fut retenu dans une salle basse, où toutes les grâces de la jeune femme du commissaire ne purent obtenir du captif qu'il voulût bien raconter la cause de son arrestation. De Sacy fut mené dans une chambre haute, où il ne se désolait que d'une chose ; c'était de n'avoir pas pris sur lui son *Saint-Paul*, qu'il avait laissé en sa maison, à cause de la chaleur du jour.

Pendant ce temps-là, le lieutenant civil menait à fin une autre entreprise non moins glorieuse. A la tête d'une compagnie de Suisses, rassemblée furtivement de nuit dans la maison de son colonel, il s'emparait d'un autre solitaire, Dufossé, qui dormait paisiblement dans son lit.

« Il se fit à cette occasion, disent les
» Mémoires, un grand éclat dans le quar-
» tier : chacun voulait deviner pourquoi
» on nous arrêtait ; les uns disaient que
» nous étions des gens d'affaires dont on
» voulait examiner la conduite, d'autres
» que nous étions des voleurs ; d'autres

» nous firent l'honneur de nous prendre
» pour des empoisonneurs, dont on parlait
» fort alors, et parmi lesquels la plus cri-
» minelle était sans doute la dame Brin-
» villiers, fille du magistrat qui s'applau-
» dissait de notre capture, et qui avait
» peut-être déjà dans le corps le poison
» lent que sa fille lui donna, et dont il
» mourut deux mois après notre prise. »

On ramena les prisonniers dans leur logis; ils le retrouvèrent plein de Suisses, qui, « ayant été sur pied toute la nuit, » sentaient que la faim les pressait. Pen- » dant que quelques-uns étaient en garde, » les autres visitaient la marmite, et allaient » dans la cave voir si le vin était à leur » goût; mais aux approches de M. de » Sacy, on les rassembla tous, et ils firent » une longue haie, qui prenait dès le mi- » lieu de la rue, traversait toutes les » cours, et allait jusqu'au fond du jardin.

Au bout de quinze jours, les prisonniers furent conduits à la Bastille.

« Quand nous parûmes devant M. le
» gouverneur, continue Fontaine, on sor-
» tait de table, et le bruit était grand dans
» la Bastille, qu'on l'allait remplir de jan-
» sénistes. Je remarquai dans tous les corps-
» de-garde que ces soldats ouvraient de
» grands yeux, comme s'attendant à voir
» des gens faits autrement que d'autres.

» M. le gouverneur, cachant sa joie de
» voir ainsi peupler sa prison, ce à quoi
» il était extrêmement sensible, demeura
» sur son fauteuil assis, et ne nous regarda
» presque pas. Nous étions tous rangés
» devant lui, tête nue, et il n'ôta pas même
» son chapeau ; il nous dit seulement d'un
» ton fort sec, en laissant échapper un
» regard sur nous, que la Bastille était un
» terrible gîte ; et, reprenant son entretien
» avec quelques amis qui avaient dîné avec

» lui, il dit que si l'on avait fait dans les
» hérésies des siècles passés ce que le roi
» faisait alors, tout en aurait été mieux. »

Puis viennent les longs jours de la captivité. Toujours serein, parfois enjoué dans le récit des dégoûts qui lui furent communs avec son ami, le naïf historien épargne à son lecteur l'ennui d'une relation trop monotone, en racontant avec bonhomie de piquantes anecdotes qu'il retrouve çà et là dans ses souvenirs de la Bastille. Ce sont pour la plupart de bonnes et naïves espiégleries, pleines de charme en pareil lieu et à propos de tels personnages : elles témoignent d'ailleurs d'une façon toute charmante de la résignation des prisonniers. Elle allait loin cette résignation, puisqu'elle leur laissait assez de liberté dans l'esprit pour remarquer le côté original des choses qui se passaient sous leurs yeux.

Un crève-cœur pour les jansénistes, ce fut de voir *le petit Racine* passer du côté de leurs ennemis. L'ame tendre du poète s'était donnée aux solitaires, moins encore par sympathie pour leurs doctrines que par reconnaissance pour leurs leçons et pour la mémoire de Lemaître; mais il y avait aussi dans cette ame un amour immense de l'art, et l'art n'avait pu trouver grace devant Port-Royal. Il existe une lettre de sœur Racine à son neveu; il faut voir comme la bonne religieuse s'effraie du bruit qui a couru que le poète va rendre visite au couvent; comme elle lui recommande de se purifier auparavant des souillures que lui a laissées le contact des comédiens. Aussi lorsque, l'an d'après, Nicole traita quelque part les écrivains dramatiques d'empoisonneurs publics, Racine put croire qu'à lui s'adressait l'anathème. On sait comment il y répondit. Rien ne devait sans doute l'armer contre ceux qui, les premiers, lui avaient appris à lire Sophocle ; mais plus tard il répara si noblement sa faute, qu'il est bien permis aujourd'hui d'admirer sans remords et la verve si naturelle et l'ironie ingénieuse de sa double apologie. A l'apparition de ces deux lettres, Port-Royal se troubla, et reconnut avec terreur l'accent des *Provinciales*. Pascal seul pouvait répondre ; mais, hélas ! il y avait quatre ans déjà que Pascal reposait dans les caveaux de Saint-Étienne-du-Mont.

Ainsi tout semblait se réunir pour achever la ruine de Port-Royal-des-Champs.

La douleur des religieuses persécutées eut des emportemens sublimes. Louis XIV est sourd à leurs prières, les tribunaux à leurs suppliques : alors, toutes ensemble elles lèvent les bras vers le ciel, et adressent à Jésus-Christ cette requête que repoussent les juges de la terre. Cette requête fut écrite, et le manuscrit existe encore : « Seigneur ! s'écriaient ces saintes filles, nous craignons qu'à la fin le monde ne dise, en insultant à nos malheurs : Où donc est leur Dieu ? » Un événement tout simple donna à cette démarche bizarre une couleur tragique. Une des religieuses mourut, et cette mort inspira aux sœurs une pensée étrange. Le corps est apporté en plein chapitre, et là, chacune à son tour s'approchant de la défunte, lui confie dans le ciel les droits de la vérité méconnue parmi les hommes ; puis elles signèrent une procuration et la déposèrent en silence dans la main glacée de la morte. Le convoi s'acheva sans bruit de cloches et chants de psaumes ; l'eau bénite même fut absente. Ainsi le voulait la colère des puissans du siècle; mais cette fois le silence des voix humaines avait quelque chose de terrible.

Jésus-Christ releva l'appel des sœurs de Port-Royal. La voix d'Arnaud et de Nicole pénétra jusqu'à Louis XIV; et après deux ans de captivité, Pompone se rendit à la Bastille pour apprendre à de Sacy qu'il était libre. « J'avoue ma faiblesse, dit » Fontaine; j'avais si grand'peur que ce » nom n'obscurcît le mien, que j'avais » bien prié qu'en servant l'un on eût soin » aussi d'y joindre l'autre.

De Sacy salua le gouverneur et sortit. L'archevêque de Paris, qu'ensuite il alla voir, lui fit entendre doucement qu'on attendait sa signature au bas du formulaire; mais de Sacy s'était prudemment pourvu d'un petit canonicat qui le plaçait sous la juridiction de l'archevêque de Sens.

Ce dernier prélat rendait alors aux jansénistes des services plus grands encore ; il s'unit à l'évêque de Châlons, et tous deux se firent médiateurs entre Rome et Port-Royal. Trois ans plus tard la bonne fortune du jansénisme amenait le marquis de Pompone, fils d'Arnaud d'Andilly dans les conseils de Louis XIV : le père Annat était mort en 1670.

Les années de paix qui suivirent fondèrent d'une manière durable la renommée littéraire de Port-Royal. De 1670 à 1680, parurent cette foule d'utiles ouvrages dont le style vient de bon lieu, disait madame de Sévigné : c'est alors que Nicole écrivit la meilleure partie de ses beaux *Essais de Morale*. « Je lis M. Nicole (c'est encore
» madame de Sévigné qui parle) avec
» un plaisir qui m'enlève. Voyez comme
» il fait voir nettement le cœur humain,
» et comme chacun s'y trouve, et philo-

» sophes, et jansénistes, et molinistes, et
» tout le monde enfin! Ce qui s'appelle
» chercher dans le fond du cœur avec une
» lanterne, c'est ce qu'il fait. »

A la même époque, d'Andilly traduisait l'*Histoire des Juifs*; et il faut l'entendre raconter comment Louis XIV accueillit son ouvrage, lui promit de *l'aimer un peu* lui aussi, et le fit promener tout un jour au milieu des magnificences de Versailles. Antoine Arnaud avait paru lui-même à la cour, conduit par son neveu, le marquis de Pompone. Louis XIV avait voulu voir ces hommes qui jetaient si audacieusement à travers sa gloire la renommée de leurs vertus.

Tout ce bonheur fut de courte durée; les *ménageurs politiques* reprirent l'offensive. La mort de la duchesse de Longueville, arrivée en 1679, leur avait préparé la victoire; la disgrâce de Pompone la leur donna. De Sacy se retira dans le château du ministre disgracié; Arnaud et Nicole, dans une maison voisine du séminaire Saint-Magloire. Mais l'inimitié des jésuites chassa bientôt ces deux derniers de leur asile, et au mois de juin de la même année les contraignit à quitter la France. Jamais la tempête ne les avait jetés si loin; ils partirent en proscrits, et leur marche à travers la Belgique et les Pays-Bas ne fut qu'un long triomphe. L'enthousiasme des peuples leur permit enfin de retrouver le silence et la solitude. Oh! comme alors ils durent avec amertume mesurer le passé, remonter par la pensée au berceau de cette doctrine dont la fortune avait été si diverse depuis cinquante ans; et envier le sort de Jansénius, mort avant le combat! Combien d'autres, depuis, étaient allés rejoindre le saint évêque! D'abord Saint-Cyran, son ami, mort dès 1634, en léguant son cœur à d'Andilly; puis Lemaître; puis Pascal, laissant tomber de son chevet de douleur trois ou quatre pensées dignes de sauver le monde du doute qui déjà l'envahissait de toutes parts. Ensuite était venu le tour de Singlin; ils se représentaient son corps furtivement porté à Port-Royal pendant une nuit; ils assistaient de nouveau à cette dernière apparition de la mère Angélique, suivant, pieds nus et mourante, ses sœurs autour des cloîtres.

Le frère enfin après la sœur, Arnauld d'Andilly après Angélique, et, pour la troisième fois, la mort entrée dans la famille.

Antoine Arnauld demeura inébranlable; mais Nicole s'émut à ces souvenirs, et l'image de la patrie absente obséda de tous ses charmes l'âme altérée du fugitif; la fatigue le prit, et un jour il s'en vint le dire à son ami, lui parlant de se reposer.

« Vous reposer! répondit durement Arnaud; eh! n'avez-vous pas pour le faire l'éternité tout entière? » Le mot était sublime, mais la patrie est si belle! Nicole obtint la permission de revenir à Chartres, sa ville natale; il en sortit bientôt pour retourner à Paris, où il continua dans la retraite, et presque dans la disgrâce des siens, ses *Traités de Morale*.

L'année 1682 amena une trêve entre les deux partis, et cette trêve fut formulée dans les quatre fameux articles dont les jansénistes firent une éclatante apologie; mais rien ne pouvait désormais les relever de leurs défaites. Par cela seul qu'ils ne s'étaient pas fortement constitués en société régulière, leur grandeur était moins dans la puissance des doctrines que dans le caractère et le génie des apôtres, et les apôtres mouraient. Chaque année la mort creusait une fosse nouvelle dans

Port-Royal désert. Le 4 janvier 1684 ce fut celle de de Sacy : il s'éteignit avec une douceur sublime, au château de Pompone, au milieu de ses amis, qui tour à tour le suppliaient de les recommander à Dieu. C'était comme un exilé qui retourne dans sa patrie, et que d'autres proscrits, moins heureux, chargent d'intercéder pour eux auprès du maître qui les tient encore dans l'exil.

Lorsqu'il eut rendu le dernier soupir, on le porta furtivement à Paris, où il devait passer la nuit dans l'église Saint-Jacques ; mais avant le jour ses amis enlevèrent le corps, et par des chemins couverts de neige et de glace se dirigèrent vers Port-Royal. Cent religieuses attendaient avec des cierges à la porte de l'église du couvent.

Fontaine, qui avait accompagné le corps jusqu'à Saint-Jacques, fut bien étonné le lendemain d'y apprendre ce qui avait été fait. Il prit aussitôt avec quelques autres le chemin du monastère, cherchant sur la neige, à la lueur du jour naissant, la trace du convoi. Ils arrivèrent, épuisés de faim et de fatigue, au moment où on allait déclouer la bière pour exposer aux regards des fidèles le visage du saint prêtre. On ferma les portes de l'église; le menuisier vint avec ses marteaux, et « je » fus le premier, s'écrie Fontaine, qui » passai la main dans la bière pour retirer » du séjour affreux de la mort un visage » qui y avait déjà passé tant de jours. » La mort n'en avait pas altéré les traits. On revêtit le défunt de ses habits sacerdotaux, et après le chant des psaumes et les aspersions ordinaires on ouvrit les portes du couvent pour le porter au lieu de sa sépulture, qui avait été préparé au dedans.

« Nous portâmes ce corps au travers d'une

» longue haie de saintes religieuses qui
» étaient venues le recevoir à leur porte,
» le cierge à la main. Leurs yeux, si mor-
» tifiés, si accoutumés à se fermer à tout le
» reste, ne purent, si mouillés de larmes
» qu'ils étaient, s'empêcher de s'arrêter sur
» ce saint corps pendant qu'il passait seule-
» ment au travers d'elles, afin de démêler,
» dans ces petits intervalles que nous leur
» donnions, les traits d'un visage qu'elles
» ne devaient plus voir; et lorsqu'enfin
» il fut au lieu, les principales s'empres-
» sèrent, en l'accommodant pour le des-
» cendre dans la fosse, de lui donner de
» saints baisers, pendant que tout le
» chœur continuait le chant avec une gra-
» vité que je n'ai pu assez admirer depuis,
» toutes les fois que j'y ai pensé; il me
» semblait que ma joie était pour lors ca-
» chée en terre avec celui que je voyais
» enterrer. »

Cette mort, qui courbait ainsi l'une sur l'autre les têtes les plus vénérables, se souvint tout à coup d'Arnaud qu'elle oubliait dans l'exil ; puis elle s'en revint en hâte frapper Nicole entre Racine et Boileau, dans les magnifiques allées du Jardin des Plantes. « C'est le dernier des Romains ! » écrivait madame de Sévigné au marquis de Pompone. Tout était mort désormais ; il ne restait plus dans Port-Royal que quelques pauvres filles pour s'entretenir sur des tombes de ses splendeurs d'autrefois, et Fontaine pour en écrire l'histoire devant Dieu.

Mais la mort allait trop lentement au gré des jésuites ; ils appelèrent à son aide l'avarice de Port-Royal de Paris. A l'époque de la dispersion de leurs mères, en 1666, les religieuses de ce dernier couvent avaient commencé par pleurer amèrement, puis avaient fini par se soumettre

L'arrêt qui séparait les deux communautés fit un partage inégal de leurs biens; il était tout à l'avantage de la maison de Paris, qui, bientôt se regardant comme la métropole, convoita le peu qui restait au monastère de Chevreuse. Mais Racine, qui avait un jour à faire oublier dans sa vie, prit la plume, et de la même main, non hélas! du même style qu'il avait répondu aux *Imaginaires*, il écrivit un Mémoire qui ruina les prétentions du cul-de-sac Saint-Jacques. On prit alors une autre route; on ôta au couvent la faculté de recevoir des novices : le moyen était sûr, mais trop lent encore. Un cas de conscience, imprudemment apporté en Sorbonne, ayant tout à coup ranimé la querelle, on se hâta de faire intervenir une bulle de Clément XI; les religieuses signèrent cette fois, mais avec restriction. Sur ces entrefaites l'abbesse mourut, et défense d'en élire une autre. Que manquait-il à la ruine de Port-Royal? une bulle nouvelle qui déclarât nulle la séparation des deux communautés, et réunît les deux maisons : cette bulle fut signée à Rome le 27 mars 1708.

Alors se renouvelèrent les scènes déplorables de 1666, et deux fois en un demi-siècle on vit un lieutenant de police, à la tête d'une compagnie d'archers, assiéger un couvent de religieuses. Quelques-unes étaient si vieilles qu'il fallut les porter jusqu'aux litières, et c'est à peine si elles arrivaient vivantes aux lieux où on les envoyait mourir. On leur envia jusqu'à la triste douceur de pleurer et de mourir ensemble. Cela commença comme un grand drame religieux et finit comme une farce misérable. L'abbesse de Paris, laissant à peine à ces pauvres filles le temps de se retirer, vint en même temps, avec plus de cent voitures, s'emparer des meubles dont un arrêt du conseil venait de dépouiller ses sœurs.

Mais de bonnes ames pouvaient encore faire de saints pélerinages à Port-Royal-des-Champs, visiter ces cloîtres déserts, interroger les ombres de ces allées, retrouver, en visitant les cellules muettes, la trace des genoux sur la pierre, et dans les vases où l'eau bénite avait tari, quelques rameaux de buis consacré. Là étaient encore des tombeaux avec de grands noms, et des reliques vénérables. Le conseil eut aussi un arrêt de proscription pour les pierres, un arrêt d'exil pour les morts. Le monastère fut démoli en 1710, et l'année suivante ce fut le tour des sépultures. On lit dans le testament de Racine : « Je désire qu'après ma mort mon corps soit porté à Port-Royal-des-Champs! » Et ce vœu avait été exaucé!

Tout est mort, temples et prêtres : achevons l'histoire des idées.

La bulle de Clément XI parvint aisément à supprimer un monastère, mais elle fut impuissante à éteindre la foi janséniste. Le jansénisme reprit même quelque faveur sous la Régence, par cela seul peut-être qu'il avait été persécuté sous Louis XIV, et il eut, un moment, assez de crédit pour ruiner au Parlement l'autorité de la bulle *Unigenitus*. Enfin, après s'être quelque temps égaré entre les ridicules miracles des convulsionnaires, et l'histoire non moins ridicule du diacre Pâris, il reparut sous une forme plus rationnelle. Il eut son journal rédigé par Fontaine, un autre Fontaine que celui dont nous avons parlé; ce journal avait pour titre : *les Feuilles Ecclésiastiques*. Mais les jansénistes ne furent pas long-temps à s'apercevoir que leur autorité d'un moment pâlissait devant une puissance intellectuelle bien autrement redoutable, la philosophie. Celle-ci qui ne s'enfermait pas dans les formes inaccessibles et voilées de la théologie, allait hardiment à tous les esprits et à toutes les passions. Le jansénisme n'avait fait que remuer la société sans lui imprimer aucune direction positive; la philosophie se mit à la dissoudre. L'abbé de Saint-Marc, qui continuait l'œuvre de Fontaine, surpris par la révolution, fut jeté par elle en Hollande, où sa feuille périt obscurément en 1805.

Lorsque la religion catholique fut rétablie en France, on vit se relever quelques ames honnêtes qui, dans le culte de leur solitude, n'avaient jamais séparé des dogmes du christianisme les traditions de Port-Royal. Mais celui-là se tromperait fort qui supposerait à ces nouveaux disciples du jansénisme une intelligence bien nette des opinions de Jansénius. Peut-être, après tout, y a-t-il quelque chose de plus touchant dans cette fidélité qui ne s'adresse plus aux doctrines, mais aux apôtres et aux martyrs de ces doctrines.

Ainsi sous nos yeux finit le jansénisme; ainsi finissent toutes les sectes religieuses qui se placent en-dehors de la religion commune. Née à l'ombre d'une école ou dans la solitude d'un cloître, chacune d'elles grandit dans la persécution, règne un moment avec splendeur, puis s'amoindrit, puis s'efface devant celle dont la mission commence, et ses dernières traditions s'en vont mourir silencieusement dans les regrets de quelques familles groupées autour d'une humble église.

Qui pense maintenant aux sectaires de Port-Royal? La renommée de leur science et de leur vertu vit encore, mais le bruit de leurs combats théologiques a cessé pour jamais. Ah! regardons devant nous dans ces jours de crise où la société s'ébranle tout entière ; la civilisation est à ce prix ! Mais à ces heures de calme et de silence, où l'esprit humain s'arrête sur les hauteurs et mesure l'espace qu'il a parcouru, pourquoi ne pas laisser tomber un regard d'amour, j'ai presque dit de regret, sur cette petite société de la science chrétienne qui chemina solitairement parmi nous à côté du grand siècle !

FIN DE PORT-ROYAL.

# MÉLANGES HISTORIQUES.

III.

LA

CHRONIQUE DE SAINT-SÉVERIN.

LA CHRONIQUE DE SAINT-SÉVERIN.

I.

On a fait l'histoire des grands peuples, on a fait la biographie des grands hommes; on a raconté la vie des cités, quand racontera-t-on celle des monumens? Un monument n'a-t-il pas aussi son existence propre, une destinée à part qui mérite d'avoir ses annales? Cela est vrai surtout de ces édifices qui, élevés sous l'empire d'une idée religieuse, ont eu d'abord comme elle une humble origine, puis ont grandi avec cette idée, et ont passé par toutes les transformations que le temps et l'ordre du développement intime de l'homme lui ont imposées. Envisagé sous ce point de vue, un monument naît, grandit et meurt. Plein d'événemens audedans (car le sanctuaire subit les fortunes diverses de la pensée qui l'habite), il n'est pas même immobile et muet à l'extérieur : il renouvelle sa forme avec les âges, et, à chaque siècle, trahit aux yeux des peuples, par une métamorphose nouvelle, les phases de sa vie intérieure. C'est une tour qui se détache du château fort, c'est une chapelle qui vient s'ajouter à l'église.

Il y a mieux ; c'est que ces corps si gigantesques, que nous appelons des monumens, n'attendent pas pour mourir que le temps les démolisse pierre à pierre. L'ame se retire souvent de l'homme avant que le corps ait épuisé toute sa destinée matérielle. Que de monumens encore debout, dont l'ame est remontée vers le ciel! Ils sont encore là, mais froids. Le silence qui seul y règne n'est plus celui de la vénération et de la foi, c'est le silence de la mort. Les voilà abandonnés au premier vent populaire qui passera sur eux, implacable comme le vent du désert, aveugle comme lui.

Notre-Dame a ses historiens. Je vais raconter la chronique de Saint-Séverin le Solitaire.

Si l'on demande pourquoi j'ai choisi Saint-Séverin de préférence à toute autre église, à Saint-Germain-l'Auxerrois, par exemple, qui, à toutes ses grandeurs passées, ajoute aujourd'hui l'intérêt de ses récentes infortunes, je répondrai : Il y a dans une province éloignée, sur un rocher pittoresque, une petite église de village à laquelle se rattachent toutes les joies de mon enfance. Or, étant venu à Paris, pour la première fois, j'entendis un son de cloches qui me fit souvenir du pays natal; c'étaient les cloches de Saint-Séverin. Leur son fit sur moi l'effet de ces figures géométriques dont Aristippe trouva l'empreinte sur le sable du rivage de Rhodes. Depuis ce jour a cessé pour moi, dans Paris, ce sentiment pénible de solitude dont on a peine à se défendre au milieu de la foule.

Et puis, tout n'est pas factice dans cette idée qui nous fait ainsi personnifier une église. Si l'on remonte à l'origine de cette église, si on la dépouille successivement de ses tours, de ses clochers, de ses arcades que la vénération des fidèles a multipliés autour de l'humble nef, et que l'on s'arrête devant son berceau, que trouve-t-on? le plus souvent un pauvre solitaire dans une cellule. Ainsi a commencé Saint-Séverin.

Je ne raconterai pas la lamentable histoire des enfans de Clodomir : « J'aime mieux les voir morts que tondus, » avait dit fièrement leur aïeule Clotilde, ce jour-là reine encore et femme de Clovis : ses petits-fils furent massacrés; un seul échappa au carnage. Clodoalde, condamné à l'obscurité et à l'oubli, pensa qu'il n'y avait pour lui qu'une manière de rester à la hauteur de son rang; c'était, au lieu de commander aux hommes, de se faire le serviteur de Dieu. Il chercha donc autour de lui un homme agréable au Seigneur, pour recevoir de ses mains le sceau de sa royauté nouvelle.

Or, près de la porte méridionale de Paris, vivait, en ces jours-là, dans une petite cellule, sous la protection de saint Julien-le-Pauvre, un saint homme, faisant son salut dans la pénitence et les bonnes œuvres. Il était venu là dans la onzième année du sixième siècle. L'enfant des rois chevelus ne dédaigna pas de s'agenouiller devant le pauvre ermite. Égaux devant la piété des peuples, l'un depuis fut invoqué par eux sous le nom de saint Cloud, l'autre sous un nom moins célèbre. Le monastère fondé par le disciple est devenu une maison royale, la cellule du maître est aujourd'hui Saint-Séverin.

Après la mort du pieux solitaire, son tombeau attira un si grand nombre de fidèles et fut témoin de tant de miracles, qu'il fallut y ériger une chapelle. A la fin du neuvième siècle, cette chapelle était une église.

Tout à coup un bruit sinistre se répand dans Paris et pénètre jusque dans le sanctuaire; des fugitifs, venus de Neustrie, racontent que des païens, poussés du

Nord, arrivent sur des bateaux à voiles, et déposent en passant des bandes de pillards sur les deux rives de la Seine. Il se dit des choses merveilleuses de la force de ces barbares ; on dit que lorsqu'ils rencontrent des ponts sur les fleuves qui les apportent, ils tirent leurs navires à sec et les traînent ainsi sur le sable de l'autre côté de l'arche. Leur cruauté n'est pas moins effrayante que leur force. Maîtres des monastères, ils brisent le marbre des tombeaux pour y chercher des trésors. Rouen eût péri, si son archevêque ne l'eût sauvé par son courage : les voilà maintenant sur les bords de l'Eure. Les clercs de Saint-Séverin se troublent à cette nouvelle. Ils se demandent d'abord l'un à l'autre si leur Saint n'est pas assez puissant pour écarter les barbares de son tombeau. Mais le spectacle de tant de saintes maisons incendiées leur fait craindre qu'irrité contre son église, le Solitaire ne le veuille pas. Il est enfin décidé que ses reliques seront solennellement transportées de l'autre côté de la Seine, et placées sous la protection de tous les saints à qui Notre-Dame a ouvert la porte de sa cathédrale. Le clergé suivait tristement.

Lorsque les Normands arrivèrent, ils ne trouvèrent plus que des murailles inhabitées. Ah! tous les prêtres sans doute ne suivirent pas les reliques, et plus tard, lorsque le clergé fugitif s'occupa de relever le temple, on dut trouver parmi les décombres les ossemens de plus d'un juste demeuré fidèle au sanctuaire et enseveli sous sa chute. Or il est vraisemblable du moins qu'en voyant du haut des tours de Notre-Dame s'élever les tourbillons de la flamme qui dévorait Saint-Séverin, plusieurs se reprochaient de n'avoir pas suivi la fortune de leur autel, et qu'ils vinrent pleurer amèrement sur ses débris.

L'église sortit lentement de ses ruines, et ne fut pendant un siècle qu'une pauvre chapelle, où le service divin se célébrait irrégulièrement. C'était bien la veuve affligée de l'Écriture, assise sur le chemin et délaissée des passans. La maison du Seigneur, devenue la propriété d'un simple clerc, appartenait, vers la fin du onzième siècle, à un archiprêtre nommé Giraud. A cette époque, Imbert, évêque de Paris, ayant demandé au roi Henri Ier quelques églises abandonnées, l'acte de donation comprit dans le nombre celle de Saint-Séverin, après la mort de l'archiprêtre. La voilà donc remontée au rang d'église. Mais il fallut tout un siècle et les prédications du prêtre Foulques pour ramener la foule au tombeau du Solitaire.

« En ces jours-là, » dit un chroniqueur

des Croisades, « Dieu suscita un saint prê-
» tre de la campagne, homme très-simple
» et illettré, qu'il choisit pour faire cul-
» tiver sa vigne, comme une étoile au
» milieu de la nuit, comme la pluie au
» milieu de la sécheresse, comme un nou-
» veau Samgar qui mettrait beaucoup de
» monde à mort avec le bois grossier de
» sa prédication.

» Ce prêtre, nommé Foulques, avait
» vécu auparavant selon le siècle, tel qu'un
» animal, et en être qui ne comprend
» point les choses de Dieu ; et, dans son
» excessive dissolution, il avait lâché toutes
» les rênes à son cheval indompté. Mais
» lorsqu'il plut à celui qui l'appela des
» ténèbres à sa merveilleuse lumière de
» faire surabonder la grace là où le péché
» avait abondé, aussitôt Foulques entra
» dans les pénitences austères et les che-
» mins raboteux. Et tous étaient étonnés

» de voir cet autre Saul devenu un nou-
» veau Paul, converti, par le Seigneur, de
» loup en agneau, de corbeau en colombe.
» Rougissant de ne pas connaître les saintes
» Écritures, il partit pour Paris afin de
» recueillir, dans les écoles des théolo-
» giens, des enseignemens et des leçons de
» morale, et de les inscrire dans les ta-
» blettes qu'il apportait avec lui, comme
» les cinq pierres polies que David prit
» dans le torrent pour abattre Goliath. »

Ici le chroniqueur fait, avec son énergie toute biblique, un tableau du débordement des vices à travers lesquels il promène le nouveau Paul avant de le faire entrer avec ses tablettes et son burin dans l'école de maître Pierre, chantre de Paris.

« Aux jours de fêtes, continue Jacques
» de Vitry, retournant dans son église,
» il distribuait soigneusement à son trou-
» peau ce qu'il avait recueilli avec zèle

» durant toute la semaine. D'abord, ap-
» pelé par les prêtres du voisinage, il com-
» mença avec crainte et timidité à prêcher
» simplement et vulgairement, devant les
» simples laïques, les choses qu'il avait
» apprises, comme le berger qui cueillait
» les figues sauvages. »

Mais son maître, qui aimait en lui le plus humble et le plus docile de ses disciples, lui réservait un plus noble auditoire, et ce fut Saint-Séverin qu'il choisit pour être le théâtre de sa gloire.

» Or, le Seigneur donna à son nouveau
» chevalier tant de grace et de force, que
» son maître et tous les autres qui l'enten-
» dirent, frappés d'étonnement, attes-
» tèrent que le Saint-Esprit parlait en lui;
» et il en résulta que tous les autres, tant
» docteurs que disciples, accoururent pour
» entendre sa prédication simple et nou-
» velle. L'un attirait l'autre, les cordons se

» répondaient les uns aux autres, et cha-
» cun disait : Venez et entendez le prêtre
» Foulques, qui est un nouveau Paul. »

Oh! comme elle dut renaître à la joie
la pauvre humiliée de Saint-Séverin, en
voyant de nouveau se presser à ses portes la
foule des fidèles! Elle naguère encore dédai-
gnée de tous, humble demeure d'un simple
prêtre, n'était plus assez grande pour
contenir tout ce que le siècle et l'Université lui envoyaient d'ignorans et de lettrés.

Lorsque les fidèles ont appris le chemin d'une église, ils y viennent long-temps.
Elle garde toujours à leurs yeux quelque
chose de ce qui d'abord les y attira. C'est
ainsi que Saint-Séverin reconquit les enfans de ceux que lui avaient ravis d'abord
l'invasion normande et ensuite le malheur
des temps.

Il arriva même que toute la gloire qui
suivit Foulques hors de l'étroite enceinte

de Saint-Séverin rejaillit en quelque façon sur l'église où, pour la première fois, sa parole puissante avait retenti. Or, ce prêtre Foulques était une sorte de prédicateur fougueux à la manière du P. Bridaine. « Il enflammait tellement tous les
» peuples par ses paroles peu nombreuses
» et simples, et non-seulement les plus
» petits, mais même les rois et les princes,
» que nul n'osait ou ne pouvait lui ré-
» sister. »

Il faut lire dans Jacques de Vitry le tableau des merveilles de sa prédication.

« On portait sur des grabats un grand
» nombre de malades, on les déposait sur
» les chemins ou sur les places par où il
» devait passer, afin qu'à sa venue ils pus-
» sent toucher l'extrémité de son vête-
» ment, et être guéris de leurs maux.
» Lui quelquefois les touchait; lorsqu'il
» ne pouvait s'avancer à cause de la foule,

» il leur donnait sa bénédiction ou leur
» présentait à boire de l'eau bénite qu'il
» tenait dans sa main. »

L'empressement des fidèles donnait lieu souvent à des scènes où l'homme prenait la place de l'apôtre.

« Ceux qui pouvaient déchirer et con-
» server la moindre petite portion de ses
» vêtemens s'estimaient heureux. Aussi,
» comme la multitude des peuples en ar-
» rachait sans cesse quelque morceau,
» presque tous les jours il était obligé
» d'avoir une nouvelle soutane.

» Un jour qu'il vit quelqu'un déchirer
» trop violemment sa soutane, il parla à
» la foule, disant : Gardez-vous de dé-
» chirer mes vêtemens qui ne sont pas
» bénits; mais je vais bénir la soutane de
» cet homme. Alors il fit le signe de la
» croix, et aussitôt le peuple déchira en
» mille pièces la soutane de l'homme, et

» chacun en conserva un petit fragment
» comme relique. »

Ici s'arrête l'époque homérique de Saint-Séverin, comme dirait l'école de nos jours.

Son âge historique commence avec le treizième siècle. Lorsque Rome, brûlée par les Gaulois, s'est relevée de ses ruines, l'annaliste suit aisément d'année en année la succession des consuls : à dater du treizième siècle, on pourrait donner la liste des curés de Saint-Séverin. Saint-Séverin désormais ne fera plus de conquêtes au dehors, mais il lui reste à fixer ses limites. Son curé fut élevé, dès 1210, à la dignité d'archiprêtre, et sa paroisse s'étendait déjà si loin, qu'il fallut la circonscrire. Parmi les arbitres qui furent choisis pour établir cette circonscription de territoire, je lis le nom d'un Guillaume de Montmorency, qui était aussi proviseur de Sorbonne.

Toutes les révolutions que nous aurons

à rapporter seront désormais intérieures ; on élèvera des chapelles, on fondera des confréries, et si, à la vue de la multitude qui se presse dans l'église, celle-ci n'est plus trouvée digne de son renom, une nouvelle église sera bâtie. Ce fut au quatorzième siècle que la pensée en fut conçue. Le pape Clément VI, qui était alors à Avignon, accorda des indulgences dont le produit dut être consacré à cette œuvre. Alors s'élevèrent la nef et le chœur, alors cette gracieuse tour en clocher qui surmonte l'édifice.

Mais à Saint-Séverin est réservé un relief que bien des églises lui envieront dans Paris. Saint-Séverin va avoir des orgues. « L'an 1358, le lundi après l'As-
» cension, dit un vieux manuscrit de l'é-
» glise, maître Régnaud de Douy, écolier
» en théologie à Paris et gouverneur des
» grandes écoles de la parouesse Saint-Sé-

» verin, donna à l'église une bonnes orgues » et bien ordenées. » J'ai souvent essayé de remonter par la pensée jusqu'à ce jour où, pour la première fois, la voix de l'orgue se joignit au chant des fidèles. L'humble foule qui priait à genoux dans la nef, et qui entendit soudainement éclater sur sa tête cette mystérieuse symphonie, dut croire que les anges épars sur les vitraux coloriés, s'animant tout à coup, venaient unir leur prière à celle de l'homme, comme dans cette nuit de Palestine où ils passèrent en chantant auprès des bergers de Bethléem. Il n'était pas jusqu'à la place occupée par l'orgue qui ne dût prolonger la pieuse illusion. Cette magique apparition, en ajoutant à la piété des ames ferventes, ramena sans doute vers l'espérance et vers le ciel plus d'une ame en détresse, plus d'une imagination découragée au spectacle des malheurs de cette époque.

Un saint est rarement vénéré seul dans l'église qui porte son nom. La Vierge et saint Jean avaient chacun leur chapelle à Saint-Séverin. Saint Martin eut aussi la sienne. Le clergé de notre église, pour se rendre plus favorable le saint évêque de Tours, se mit en quête de quelqu'une de ses reliques. Or, il faut faire ici une réflexion : dans le moyen âge, tout ce qui avait appartenu à un saint n'avait pas le même droit à la vénération des peuples. Ce qu'ils honoraient le plus dans saint Denis, c'était sa tête tombée sous la hache, cette tête qu'une bizarre légende a placée dans les mains du martyr; dans saint Claude, c'était le bras par lui étendu sur le bûcher en flammes qui ne le brûla pas. Les imaginations populaires n'auraient pas voulu reconnaître saint Martin, si on leur eût présenté ce saint autrement qu'à cheval et partageant son manteau avec son épée, pour en donner la moitié à un pauvre. Aussi le manteau de saint Martin était-il en grand renom. On chercha donc un fragment du manteau de saint Martin.

Or, le chapitre de Saint-Martin, à Champeaux, en Brie, possédait une partie de ce manteau. Un message fut envoyé, des négociations furent entamées, et la précieuse relique vint enrichir le trésor de Saint-Séverin.

Depuis ce jour, le bienheureux évêque eut son petit monde de fidèles dans la paroisse du Solitaire. On venait de bien loin attacher des fers à cheval au portail de Saint-Séverin, en l'honneur de son hôte, patron des voyageurs; quand on quittait sa patrie, on s'aventurait en toute confiance par les chemins, pourvu qu'avant de partir on eût fait marquer son cheval avec les clefs de la chapelle de Saint-Martin.

Mais voici qu'un rival redoutable allait bientôt disputer à saint Martin les hommages des peuples.

Vers la fin du quatorzième siècle était venu d'Auxerre à Paris un saint homme, nommé Joachim de Chanteprime. L'Auxerrois étant devenu archiprêtre de Saint-Séverin, se ressouvint, avant de mourir, de la paroisse où il était né, et de monseigneur saint Mamert, dont on y vénérait la mémoire. Il en demanda une relique pour son église adoptive, et l'obtint. Une chapelle fut fondée pour le nouveau saint, et le bon vieillard crut mourir au milieu des siens, en se retrouvant si près du bienheureux dont il avait bégayé le nom et baisé la châsse d'argent dans son enfance.

L'église commençait à devenir encore une fois trop étroite pour les hôtes de Saint-Séverin. Aussi, vers 1445, les marguilliers achetèrent un hôtel qui appartenaît à des religieux de l'ordre de Cîteaux; et, le 12 mai 1489, fut solennellement posée la première pierre de la nouvelle enceinte. De cette manière, le chœur fut entouré d'arcades à colonnes, au-dessus desquelles un magnifique couronnement de vitraux versait sur les dalles de la nef, avec chaque rayon du soleil, le prisme éblouissant de ses couleurs; puis, au-delà des arcades, apparaissait dans le mystérieux demi-jour de sa solitude, la lampe de chaque confrérie. A la même époque appartient ce sanctuaire placé derrière le grand autel, qui arrêtant l'œil de tous côtés par la multitude de ses colonnes, saisit l'âme d'une sorte de rêverie religieuse, dont ces vers du grand poète sont un admirable commentaire :

> Forêts de marbre et de porphyre,
> L'air qu'à vos pieds l'âme respire
> Est plein de mystère et de paix.

Au moyen âge les rois bâtissaient des couvens sur leurs terres; les simples bourgeois ajoutaient un pilier à l'église de leur paroisse. J'ai vu à Saint-Séverin, sur le second pilier de gauche en entrant, les vestiges d'une petite plaque de cuivre rouge, sur laquelle on lisait autrefois, en caractères gothiques : « Les exécuteurs » de feux Antoine de Compaigne, enlu- » mineur de Pincel, et de Oudete, sa » femme, ont fait faire ce pilier du ré- » sidu des biens desdits défunts, l'an » MCCCCXIV. Priez Dieu pour l'ame » d'eulx! » La sacristie, terminée vers 1540, laissait peu de chose à ajouter au monument; enfin, sous le règne de Henri IV, apparurent, au-dessus des arcades du chœur et de la nef, les prophètes, les apôtres, les sibylles, ces petites figures de pierre, empreintes de caractères si variés, et jetées dans des attitudes si diverses. Il semble que si vous les interrogiez, elles vont vous entretenir, les prophètes de l'antique tradition, les apôtres de la loi nouvelle, et les sibylles des choses qu'elles lisent dans les mondes apocalyptiques. L'âme recueillerait de précieuses révélations dans ces ineffables entretiens de l'extase, où l'imagination interroge et répond à la fois.

Lorsque ces nouvelles constructions furent achevées, et que le Solitaire eut ouvert sa porte et la grille de ses chapelles aux reliques de plusieurs autres saints, il se trouva encore assez riche pour leur donner des châsses d'argent; celle de saint Martin fut d'argent doré, et, selon l'usage, on y voyait ciselée l'image du bienheureux porté sur son cheval, et partageant son manteau. Un bourgeois de Paris, nommé Jehan Goupil, donna cent livres parisis pour le reliquaire où fut enfermé le bras du patron de la paroisse. Ah! c'était alors le bon temps pour faire un pélerinage à Saint-Séverin. Quelque pauvre, assis jour et nuit sous le portail, vous eût redit avec orgueil la longue épopée de son église; car la maison du Seigneur est aussi la maison du pauvre. Il vous eût raconté avec tremblement les miracles de chaque saint, et l'entrée solennelle de chaque relique. Nul n'eût été plus habile à vous traduire, dans un langage plein de vie et de mouvement, les peintures des vitraux. Chaque pilier sur ses lèvres se fût nommé du nom de son fondateur; chaque pierre sous vos pas, du nom de l'archiprêtre dont elle garde les os. Montez l'escalier tremblant du clocher, si vous voulez savoir la chronique de chaque cloche; votre guide vous dira comment elle sonne pour un baptême, comment pour un enterrement, comment pour un mariage, trois choses qui font de toute vie en ce monde un drame en trois actes auxquels le son de la cloche semble convoquer dans les airs de mystérieux spectateurs. Saint-Séverin a aussi une cellule pour les sachettes; et à celui qui l'eût visitée le 11 avril, dans je ne sais plus quelle année du règne de Charles V, dame Flore (domina Floria, comme dit le nécrologe de l'abbaye de Saint-Victor) eût raconté peut-être, sur la pierre qui lui servait de lit de mort, une aventure non moins pathétique que celle de Paquerette la Chantefleurie.

Saint-Séverin avait, en ce temps-là, de touchantes coutumes. Le jour de la Pentecôte, par exemple, on lâchait un pigeon qui descendait de la voûte en mémoire de la descente du Saint-Esprit sur les apôtres. La petite église avait emprunté cet usage à Notre-Dame, sa royale voisine. Je comfesse que ces naïves cérémonies ont, à mes yeux, un charme de foi et de simplicité qui enchante. Chaque fois que l'esprit de l'homme a dépouillé complétement de toutes ses formes humaines une pensée religieuse, il s'est trouvé en présence de si hauts mystères, qu'il n'a pu échapper que par le doute ou la négation à l'abîme ouvert devant lui.

C'est à force de s'attacher à la forme que l'antiquité a tué le polythéisme : le premier doute entré au cœur du christianisme est venu de ceux qui ont brisé violemment la forme pour arriver plus vite à la pensée abstraite. Les images et les symboles, disent les sages, appartiennent à la langue des enfans : savez-vous alors rien de plus à plaindre que les hommes?

Il y avait à Saint-Séverin un usage plus touchant encore que celui que je viens de rapporter. Lorsque de pauvres accouchées venaient assister à leur messe de relevée, pour les défendre du froid, on jetait sur leurs épaules un manteau fourré, soigneusement mis en dépôt pour cet usage dans le trésor de l'église; le christianisme est surtout la religion des mères.

Quelquefois aussi le saint quittait son sanctuaire pour aller visiter d'autres bienheureux dans leur paroisse : le mardi de Pâques, c'était sainte Geneviève-du-Mont, et le 1ᵉʳ mai, saint Germain-des-Prés, qui, je l'imagine, venaient à leur tour visiter Saint-Séverin. Il y avait un profond enseignement dans cet échange de prières et d'hospitalité. C'était le dogme en action de la fraternité humaine, et l'image de ce grand pèlerinage terrestre de l'homme en marche vers le ciel.

La science eut aussi sa date dans la chronique de Saint-Séverin. Au milieu du cimetière de cette église, eut lieu la première expérience de l'opération de la pierre sur un vivant. Ce fut en janvier 1374. L'*Anima vilis* fut cette fois un pauvre archer condamné à la corde. Au lieu de le pendre, on l'opéra. Un homme de bien y serait mort; le bandit guérit, et fut gracié. On lui donna même assez d'argent pour acheter un état où il fut peut-être un honnête homme.

Puisque nous voici dans le cimetière de notre église, arrêtons-nous à lire les épitaphes de ces tombeaux : ces tombeaux, nous ne les avons pas vus, le temps et la révolution les ont brisés, et ici, comme en beaucoup de circonstances, c'est la tradition qui raconte. On se trouvait, en entrant, en face d'un grand tombeau entouré d'une grille de fer. Sur ce tombeau se voyait représenté un jeune homme couché, soutenant sa tête avec sa main, et le coude appuyé sur des livres, comme si le sommeil de la mort l'eût surpris au milieu d'une veille studieuse. Vers le milieu du seizième siècle, vint à Paris, pour achever ses études, un jeune prince, héritier d'une partie de la Frise, ayant nom Enmon de Emda. Il tomba malade loin de tous les siens. A cette nouvelle, sa mère et son aïeule accoururent, mais pour le voir mourir entre leurs bras le 18 juillet 1545. Alors *nobles femmes, sa mère grand, et sa dolente mère* (comme dit l'épitaphe), voulant lui faire le sommeil doux sur la terre étrangère, confièrent cette chère dépouille non à la garde des hommes, mais à la garde d'un saint, et Séverin fut choisi par elles.

Cinquante ans plus tard, les maîtres vinrent se placer à côté du disciple; ce fut dès 1580 un des plus savans hommes du seizième siècle, le traducteur latin de Grégoire de Naziance, Jacques de Billy, qui nous a laissé aussi des poésies en langue vulgaire. Ce fut, en 1615, le célèbre Étienne Pasquier, qui, se sentant mourir à l'âge de quatre-vingt-sept ans, se ferma lui-même les yeux. Poëte, orateur et antiquaire, après avoir passé sa vie à écrire de beaux vers, à défendre l'Université contre les jésuites, à mettre en lumière la piquante chronique de nos vieilles mœurs, il se fit lui-même l'historien d'une si belle vie, dans une épitaphe latine dont la fin est d'une touchante simplicité :

« J'ai, dans ma trentième année, uni
» ma destinée à une épouse de mon âge,
» qui m'a donné cinq fils, gages de notre
» amour. Quatre d'entre eux ont vécu
» privés de leur mère ; le cinquième était
» mort en combattant pour sa patrie. »

Il y eut moins d'éclat et non moins de dévouement dans la destinée des deux jumeaux de Sainte-Marthe, historiographes de France, que la mort unit dans le tombeau, comme la vie les avait unis dans le berceau ; fonctions et gloire, tout fut commun entre eux. Une commune épitaphe raconte l'histoire de leurs travaux, que cette intime union de leurs ames sauve de la sécheresse et de l'ennui.

Moreri avait sa place marquée à côté de Sainte-Marthe ; il vint la prendre en 1680, épuisé par les veilles à l'âge de trente-huit ans, et laissant inachevé ce gigantesque dictionnaire historique, par lequel se continue, dans le dix-septième siècle, la chaîne de ces formidables érudits du quinzième et du seizième.

La théologie, à son tour, eut son représentant, j'allais dire son évêque, dans ce concile de la mort. Ellies Dupin y prit son rang en 1715. J'ai dit la théologie, je devais ajouter la philosophie, car c'est déjà de la philosophie que la liberté d'opinions qui règne dans la grande Bibliothéque ecclésiastique de Dupin. Censurée en 1693 par une assemblée de docteurs, cette collection n'en fut pas moins achevée sous un autre titre ; le grand nom de Bossuet se rencontre en ces débats.

Ce fut au milieu de ces graves personnages que vint se reposer de son existence orageuse cet Eustache Lenoble, qui, avec celle qu'on appelait dans le temps *la belle épicière*, fit de quelques années de sa vie un roman qu'on pourrait aussi intituler *Manon Lescaut*. Lenoble, homme de passion et d'aventures, type bizarre que réalise plus tard Mirabeau, eut toutes les passions de ce dernier, avec quelque chose de la variété de ses talens, mais à une époque où le génie ne pouvait jaillir ni de l'audace de la pensée, ni des emportemens de la vie privée. Quatre-vingts ans plus tard, il se fût peut-être emparé de la tribune aussi fièrement que Mirabeau. Lorsqu'il mourut, en 1711, il y avait déjà plusieurs années qu'il vivait d'un louis que lui envoyait, chaque dimanche, le lieutenant de police d'Argenson.

J'aurais voulu pouvoir raconter l'histoire de chaque chapelle, et grouper successivement autour du grand autel toutes les confréries de la paroisse, avec les bannières de leur saint. Mais j'ai vu leur nombre se multiplier à tel point autour de moi, qu'il m'a paru au-dessus de mes forces d'établir un ordre lumineux entre les mille petits accidens de ces mille petites chroniques. Saints et saintes du ciel! comme dit le sire de Bivar, dans les romances espagnoles, il est des écrivains qui annoncent de sang-froid qu'ils vont faire le récit des actions de tout un peuple; il en est qui ont écrit en tête de leur livre : Histoire universelle, et la moitié de leur vie ne leur suffirait pas pour en raconter l'autre!

Je me suis arrêté avec complaisance sur les âges de gloire de Saint-Séverin, parce que j'entrevoyais dans l'avenir une époque fatale au sein de laquelle allaient s'ensevelir obscurément les paisibles destinées de mon église.

Si, dans une année du quinzième ou du seizième siècle, le 23 novembre, anniversaire de la mort de monseigneur Séverin, au moment où s'ouvraient les panneaux ciselés de l'autel, laissant voir, dans ce demi-jour dont Rembrandt seul eut le secret, les pieuses reliques du saint, au moment où la foule, s'agenouillant devant la châsse d'argent entourée de cierges odorans, s'entretenait silencieusement des œuvres de son patron, une voix s'était élevée pour ordonner au solitaire de céder son église et sa fête patronale à un autre Saint-Séverin natif de Château-Landon, s'imagine-t-on bien l'étonnement et l'indignation des fidèles ? Eh bien ! ce que cette voix n'eût osé dire au seizième siècle, de peur de mort violente en cette vie, et de damnation dans l'autre, un conseil de marguilliers le fit au dix-septième ; et savez-vous pourquoi ? parce que la vie de l'abbé de Château-Landon offre plus ample matière aux panégyriques des prédicateurs. Voilà pourquoi les lettres du nom du véritable Séverin redescendirent dans le calendrier de sa paroisse aux simples proportions des noms les plus vulgaires, tandis qu'on y vit rayonner, et au 11 février, en beaux caractères rouges, le nom de Séverin d'Agaune. L'usurpation était accomplie, le solitaire était remonté tout entier dans le ciel. Et pas un pauvre devenu riche en mendiant sur les portes de son église, et pas un malade guéri en touchant ses reliques, et pas un affligé consolé en écoutant l'histoire de sa vie, ne se leva pour le défendre; et mes tardives lamentations ne ramèneront pas dans son église le vénérable proscrit!

Je ne me sens pas le courage de suivre dans cette autre existence l'église de Saint-Séverin. Le jour où l'apôtre s'est transformé en orateur bien disant, l'homme a pris possession du temple, et c'est Dieu que j'y cherchais.

II.

J'avais pourtant, ô mon église, secoué contre votre portail la poussière de mes pieds. Honteux de la plébéienne destinée de leur patron, vos prêtres avaient introduit par surprise un autre Séverin dans le sanctuaire, et peu à peu ils avaient étendu sur le tombeau du pauvre moine le riche manteau de l'abbé. Seul, j'étais demeuré fidèle à la renommée déchue de Séverin-le-Solitaire.

J'avais donc repris derrière la porte mon bâton de pèlerin, moi, l'humble chroniqueur des paisibles révolutions de cette église, et j'emportais la légende oubliée des miracles du bienheureux, comme autrefois les clercs emportèrent ses reliques à Notre-Dame, pour les dérober aux barbares. Chemin faisant, je rebâtissais en idée, telle que l'ont vue nos pères, cette rue Saint-Jacques que je laissais déroulant derrière moi sa spirale immense, cité vivante élevée sur une cité morte, monde bruyant dont l'histoire, comme toute histoire de l'homme, aboutit à des catacombes. J'arrivai ainsi au pont Notre-Dame, qui a remplacé le Petit-Pont d'autrefois. En face de ce pont, je me mis à reconstruire aussi pierre à pierre le Petit-Châtelet du moyen âge. Mais je ne sais quelle mystérieuse inquiétude ramenait sans cesse mes yeux en arrière vers ce Saint-Séverin dont l'histoire demeurait inachevée. Sans cesse je me retournais, m'arrêtant immobile à contempler au-dessus des maisons voisines ce que leurs cinq étages me laissaient voir encore de la gracieuse basilique. Mon regard, pour la contempler, perçait la noire épaisseur de ces maisons jalouses. Insensiblement, je m'imaginais la voir s'animer et grandir, et ses deux ailes s'allonger vers moi comme deux bras supplians. Les personnages des vitraux se dessinaient peu à peu dans le brouillard du matin, et je croyais voir briller des larmes dans leurs yeux.

Je m'arrachai néanmoins à ce spectacle qui commençait à s'emparer de mon imagination, pour retourner au Châtelet. Mais j'étais comme un amant jaloux que le dépit semble précipiter dans une passion nouvelle, et qu'un regret involontaire enchaîne toujours à son premier culte.

Cependant le Châtelet sortait lentement

de ses ruines. Il n'était à son origine qu'une tour de bois, gardienne vigilante de la cité. La première, elle jeta le cri de guerre à l'approche des Normands, et les barbares l'incendièrent, comme on égorge la sentinelle qui a donné l'alarme au camp. Relevée après l'invasion, la tour devint un châtelet, ce châtelet était une prison lorsqu'on le démolit. Son premier hôte recevait, au nom de la ville, le denier des passans et des voyageurs. Les malfaiteurs l'en délogèrent; mais avant de trouver le lourd édifice assez formidable pour le convertir en prison, Charles VI l'avait jugé assez sombre pour en faire la demeure du prevôt de Paris. Lorsqu'un marchand forain se présentait au guichet pour passer le pont, avec un singe qu'il menait vendre, il payait d'ordinaire quatre deniers pour le singe; était-ce un bateleur qui passait, le singe alors payait pour le bateleur, mais il payait de sa monnaie, en sauts et en grimaces.

J'en étais là de mon voyage dans le vieux Paris, et, le Châtelet reconstruit, j'allais passer la Seine sans permission du prevôt, lorsqu'un son de cloches se fit entendre : c'était encore Saint-Séverin. Bercée dans ce bruit aérien, une voix mélancolique semblait me dire : « Où vas-tu porter ta rêverie? Ingrat, pourquoi oublies-tu les heures délicieuses que tu as passées dans ma nef, demandant leur âge à mes piliers, et leurs mystères à mes chapelles? Ailleurs tu retrouveras un baptistère de Saint-Jean et une confrérie de Saint-Martin, car chaque église à son baptistere, et saint Martin est l'hôte de toutes les églises. Mais la première tu m'as aimée, et ce pieux amour de ton jeune âge, qui te le rendra? Ah! reviens... » Et la cloche prenait un son plus doux, un son plus vibrant, une voix plus tendre; quand cette voix acheva de se perdre, faible et gémissante, dans le bruit confus de la cité, je heurtais à la porte de Saint-Séverin.

Reprenons donc, où nous l'avons laissée, l'histoire de notre église.

Saint-Séverin, comme toutes les paroisses de Paris, paya son tribut à la Ligue. Un de ses curés figure au nombre des docteurs de Sorbonne qui se prêtèrent d'abord avec le plus d'emportement aux tragiques fureurs de l'époque. Il se nommait Jean Prevost. C'était un homme à la dévotion de la sœur des Guise, la fameuse duchesse de Montpensier. On sait jusqu'où cette princesse poussa la vengeance du meurtre commis sur son frère; ce qu'on sait moins, c'est le moyen qu'elle employa pour soulever la paroisse de Saint-Séverin contre le parti qui réclamait l'aide des Anglais. Écoutons Pierre de l'Estoile :

« A l'instigation des pédans de Sorbonne
» et mangeurs des pauvres novices de la
» théologie, elle fit faire un tableau qui
» représentait au vif plusieurs étranges
» inhumanités exercées par la reine d'An-
» gleterre contre les bons catholiques, et
» ce, pour animer le peuple à la guerre
» contre les huguenots; de fait, allait ce
» sot peuple de Paris voir tous les jours
» ce tableau, et, en le voyant, criait qu'il
» fallait exterminer tous ces méchans po-
» litiques et hérétiques. »

En vérité, lorsqu'on vient à penser que ce tableau fut placé dans le cimetière de Saint-Séverin, le 24 juin de l'année 1587, et que le 8 février de la même année, dans une salle tendue de noir, du château de Fortheringay, avait été mise à mort, par l'ordre de cette même Élisabeth, Marie-Stuart, reine de France et d'Ecosse, on ne sait plus comment accuser la duchesse de Montpensier, et on serait tenté d'oublier qu'à la tête des huguenots combattait Henri IV.

Quoi qu'il en soit, le tableau ne resta que treize jours à Saint-Séverin. Henri III envoya au parlement l'ordre de le faire enlever en secret. Le parlement chargea de cette expédition le conseiller Anroux, qui était en même temps marguillier de la paroisse.

Vint la journée des barricades. Quoique le résultat de cette journée ait été nul en apparence, il en resta néanmoins aux Ligueurs un sentiment exalté de leur force. Ils s'emparèrent du tableau, et cette fois ne se contentèrent plus de l'exposer à Saint-Séverin, ils le portèrent à Notre-Dame.

« Paris vaut bien une messe, » disait Henri IV, la veille du jour où il signa le traité qui lui livrait Paris et la couronne. Toutefois il ne voulait pas entendre cette

messe en face d'un tableau où ses ennemis pouvaient lire de pareils enseignemens, et le tableau disparut. La duchesse de Montpensier, qui l'avait imaginé, étant venue saluer Henri IV, le soir même de son entrée dans Paris, « le roi, dit Sully,
» lui fit aussi bonne chère et l'entretint
» aussi doucement et familièrement que
» si elle ne se fût jamais mêlée que de dire
» son chapelet. » Rien ne nous dit que la sœur des Guises ait gardé rancune au Béarnais, et se soit souvenue, dans sa retraite, de ces ciseaux d'or qu'elle portait jadis à la ceinture pour *bailler* sa troisième couronne au Valois.

Jean Prevost, le curé de Saint-Séverin, qui s'était montré si docile aux volontés de madame de Montpensier, ne servit pas jusqu'au bout les ressentimens de cette princesse. Dans les temps de révolution, le courage politique manque souvent aux hommes modérés ; mais la fatigue et le besoin de repos, qui en tiennent lieu, les rallient bientôt, sinon dans une résolution, du moins dans une espérance commune, et un parti se trouve formé sans que la masse de ceux qui le composent y ait songé. Pendant la Ligue, on nommait ce parti celui des *Politiques*, comme plus tard nous avons eu les *Modérés*. Le curé de Saint-Séverin était entré si chaudement dans ce parti, qu'on ne l'appelait plus que le *Politique*, comme celui de Saint-Sulpice, le *Ministre*, comme celui de Saint-Eustache, le *Pape des Halles*. Sa modération faillit lui coûter cher, et voici à quelle occasion :

C'était au mois d'août 1590 ; Henri IV était aux portes de la ville, et la faim était entrée dans les maisons. Les placards injurieux que les habitans lisaient chaque matin sur leurs murailles leur firent trouver d'abord quelque force dans leur amour-propre offensé. Mais bientôt, les bourgeois craignant de se voir réduits au pain de madame de Montpensier (on appelait ainsi celui qu'on faisait avec des os), se portèrent en armes au Palais-de-Justice, et demandèrent à grands cris la paix et du pain. Les Seize, au lieu de l'un et de l'autre, leur envoyèrent des coups d'arquebuses. Dans la mêlée qui s'en suivit, un des capitaines qui tenait pour les Seize, ayant été tué, les siens s'emportèrent à de violens excès, « et eus-t-on bien de la » peine, dit l'Estoile, de les retenir de » mettre les mains bien avant au sang. » Les exécutions juridiques suivirent le combat : plusieurs furent pendus, beaucoup ne se rachetèrent qu'à force d'or.

Ce fut dans cette *journée du pain*, comme la nomment énergiquement les Mémoires de l'époque, que la populace se saisit du curé de Saint-Séverin. Sénault, un des Seize, l'arracha aux mains de ses ennemis, mais en le reconduisant jusques en sa maison il lui fit bien promettre de revenir au parti de la Ligue. On peut douter que le spectacle de cette journée ait fortement ébranlé la conviction nouvelle de Jean Prévost. Je croirais plus volontiers que plus d'une fois, avant d'arriver à sa maison, il jeta furtivement les yeux vers la porte de la ville qui menait au camp de Henri IV.

Ce qui me le ferait croire, c'est que les Seize ayant résolu la mort du président Brisson, Jean Prévost s'en alla trouver en toute hâte le président, son ami, pour l'avertir de ce qui se tramait contre lui et ses confrères du parlement; « car autrement, ajouta-t-il, je n'eusse sceu dormir la nuit à mon aise. » La réponse du président fut digne et calme; les paroles du curé de Saint-

Séverin étaient celles d'un homme qui avait long-temps vécu parmi les Seize : il y avait, au fond, de la tristesse et de l'épouvante.

— « Je congnois les Seize, » dit Brisson.

— » Je les pense aussi congnoistre quel-
» que peu, répliqua Jean Prévost avec un
» grand soupir qui accusait bien des re-
» mords ; ce sont mauvaises bestes quand
» on ne leur montre pas les dents.

— » Vous dites vrai de cela ; et, pour
» mon regard, je sçai qu'ils m'en veulent,
» et n'en suis que trop averti ; mais avant
» que commencer ceste besongne, ils y
» penseront à deux fois : car ce n'est pas
» chose qui s'exécute ainsi, ni qui se jette
» en moule ; on ne meine pas ainsi tous les
» ans une cour prisonnière. »

Ce furent les propres paroles du président, et il persista dans son dédain généreux. Cela se passait un jeudi, et le samedi d'après, un peu avant le jour, trois misérables s'acheminaient vers la Grève, portant trois cadavres détachés du gibet ; c'étaient les restes de Brisson et de deux conseillers. Celui qui les avait jugés marchait en avant, portant une lanterne en sa main, « de laquelle il esclairait les porteurs. »

Jean Prévost mourut le 23 juin de l'année suivante. A ses funérailles assistèrent messieurs de la Faculté de théologie, dont il était membre, et aussi messieurs de la cour du parlement, sans doute pour faire honneur à un homme qui, autant qu'il avait été en lui, avait tenté de sauver leur président.

La duchesse de Montpensier mourut quatre ans après, par une nuit de tempête.

Ce n'est pas la seule princesse de ce nom que nous présentent les fastes de Saint-Séverin ; une autre encore y figure, la fille de Gaston d'Orléans, cette célèbre mademoiselle de Montpensier, qui aimait assez madame de Sévigné pour pleurer devant elle, après la rupture de son mariage. La première fois qu'elle apparaît dans l'histoire, c'est pour tirer, de la Bastille, sur l'armée du roi ce coup de canon qui tua son mari, selon le mot spirituel de Mazarin. Vers la fin de sa vie, les souvenirs amers de son aventureuse destinée, et de l'odieuse ingratitude de Lauzun, lui rendirent plus chère la solitude du Luxembourg. Elle y écrivait ses mémoires. Mécontente de Saint-Sulpice, sa paroisse, elle obtint de l'archevêque de Paris la permission d'en choisir une autre. La porte d'entrée de son palais donnait sur la rue de Tournon ; il lui suffit de condamner cette porte et d'en ouvrir une nouvelle, rue d'Enfer, sur le territoire de Saint-Séverin.

Cette paroisse ne tarda pas à s'apercevoir du glorieux patronage qui lui était venu. Mademoiselle de Montpensier enrichit le maître autel de cette charmante coupole en marbre qui l'enveloppe si gracieusement de ses huit colonnes de bronze. Lebrun en traça le dessin, et Tubi l'exécuta.

Ce n'est pas là l'unique ornement que l'art ait eu à revendiquer dans l'église de Saint-Séverin. Au-dessus de ce même autel, on venait admirer la cène de Philippe de Champagne, et, dans l'une des chapelles, une sainte Geneviève du même artiste. Cette image de l'antique patronne de Paris était là comme un de ces pieux souvenirs d'hospitalité qui passaient d'une génération à l'autre dans les familles de la Grèce. Nous avons dit quelle intime alliance existait autrefois entre Sainte-Geneviève-du-Mont et notre église.

Naples aussi a son Saint-Séverin, noble et majestueuse basilique du seizième siècle ; mais celle-ci n'a pas, comme la nôtre, le merveilleux reflet des vieux âges. Le temps, en fait d'édifices religieux, est le plus grand des architectes ; il répand dans les nefs les plus humbles je ne sais quelle sombre poésie que le génie ne saurait donner seul aux plus superbes. Il y a dans l'antiquité mystérieuse des temples quelque chose qui va bien à l'éternelle idée qui en habite le sanctuaire.

Et puis, quand vous entrez dans mon église, il semble que vous quittiez la terre, et que le monde, s'arrêtant à la porte, n'ose vous suivre dans l'enceinte, tant est sublime le silence qui vous accueille. Il y a dans ce silence plus que l'absence de l'homme, il y a la présence de Dieu. Votre âme se recueille et s'élève, rien autour d'elle ne la trouble et ne lui jette brusquement une pensée qui l'attriste. Ce petit tableau devant lequel vous vous arrêtez, et qui représente saint Pierre aux fers, n'est pas l'œuvre d'un génie sublime; mais la foi vive de l'artiste a communiqué à ses personnages une grace de naïveté qui enchante, et la scène que reproduit le tableau se fond heureusement dans le demi-jour des chapelles. Allez maintenant à San-Severino de Naples, et regardez aux voûtes du chœur : ces fresques sont admirables sans doute, mais gardez-vous bien de demander le nom du peintre; ce fut ce meurtrier farouche, Bélisaire Corenzio. Ce nom laisse-t-il à votre enthousiasme sa primitive naïveté? Je suis bien trompé, ou votre regard semble craindre maintenant de rencontrer derrière chacune de ces figures la sombre physionomie de l'artiste. En France, l'amour de l'art est une noble et indolente passion qui ressemblerait à toutes les passions du jeune âge, si elle n'était plus durable et si elle ne puisait dans la jouissance une énergie nouvelle. Mais en Italie c'est souvent une passion terrible : elle a ses Othello qui étouffent leurs modèles, et ses Oreste qui poignardent leurs rivaux. Corenzio, je crois, empoisonnait les siens. Mais, par un retour éclatant de la justice divine, il tacha de son propre sang l'œuvre jalouse de ses mains, et se tua comme il achevait ces fresques de San-Severino.

L'art à Saint-Séverin n'a pas cette tragique physionomie, et s'il ne demande aux hommes qu'une humble place dans leur admiration, du moins n'ôte-t-il rien au temple de son harmonieuse et pacifique unité.

Mais peut-être ai-je tort de dire encore Saint-Séverin. A l'époque où nous voici parvenus, on remarquait bien encore sur les vitraux un vieux moine agenouillé devant saint Jean, et sur la face extérieure de l'enceinte une mitre avec des clefs en croix. Ces vestiges des vieux âges désignaient clairement le solitaire de la rue Saint-Jacques, et l'abbé du Château de Landon; mais vers le milieu du dix-septième siècle entre ces deux noms vénérés, un troisième était venu se placer, celui de l'évêque d'Ypres, Corneille Jansénius.

Souvent, au dix-septième siècle, le curé de cette église fut l'intermédiaire des jansénistes du monde auprès de messieurs de Port-Royal, et lorsque les hasards de la guerre ramenaient le triomphe des jésuites, on eût dit que la cloche de Saint-Séverin se faisait entendre au *Désert*, car on voyait aussitôt les solitaires arriver un à un dans la paroisse. Aussi faut-il voir avec quel naïf orgueil se rattache à ces grands noms de Port-Royal la petite colonie janséniste qui, groupée autour de l'église, lui est demeurée fidèle jusqu'à nos jours.

Le duc de Saint-Simon a résumé en un chapitre fort piquant toute l'histoire du jansénisme. Nul, comme lui, n'excelle à juger les faits par l'attitude qu'il donne à ses personnages, mais nul aussi n'a plus de pente à faire dégénérer le récit en tableau, et la réalité en comédie. D'ailleurs, c'est uniquement dans leurs rapports avec Saint-Séverin qu'il nous importe de suivre le jansénisme et ses apôtres. Le jansénisme, par l'austère gravité de ses grands hommes, autant que par l'âpreté stoïque de ses doctrines, nous apparaît au milieu des fêtes et des carrousels du règne éblouissant de Louis XIV, comme un haut et morne édifice. Il sera une des transformations du génie protestant à cette époque, si l'on veut, à toute force, voir dans les jésuites d'alors les légitimes représentans du catholicisme.

Si Jansénius n'eût fait que commenter la polémique du quatrième siècle, tout allait bien; mais sa parole portait plus loin que Pélage, elle atteignait Molina. Les jésuites se soulevèrent, effrayés d'ailleurs du nombre de prosélytes que gagnait au jansénisme l'éloquence de Saint-Cyran; ils comprirent que si cette doctrine parvenait à se constituer en société régulière, c'en était fait de leur ordre; ils le comprirent si bien que l'abbé de Saint-Cyran fut, un beau jour, mené à la Bastille.

Mais la persécution est féconde : lorsque Saint-Cyran fut rendu à la liberté ce fut un triomphe.

Tout parti qui ne fait que plier sous la main qui le frappe, grandit démesurément le jour où cette main se retire. Les solitaires, rentrés dans Port-Royal, d'où on les avait chassés, créèrent des écoles; c'était faire servir leur prospérité présente à la conquête de l'avenir. L'enseignement fut la gloire véritable de cette libre communauté d'hommes. Lorsqu'on eut dispersé les élèves de Nicole et de Lancelot, il resta leurs livres, qui s'emparèrent de toutes les écoles du royaume. Il était devenu de bon ton de protéger Port-Royal, et de beaux noms lui prêtèrent leur éclat.

Les jésuites néanmoins eurent assez de crédit, on le sait, pour faire condamner à Rome le livre de Jansénius.

Mais les troubles de la Fronde, qui suivirent, empêchèrent la société de tirer, à sa manière, les conclusions de la bulle pontificale. La Fronde apaisée, le héros de cette *ligue* bouffonne s'enfuit à Rome, d'où il fit hautement la réserve de tous ses droits sur l'archevêché de Paris. Bientôt même parut en son nom une circulaire suivie d'un acte par lequel il confiait à deux grands-vicaires le soin de son diocèse. L'un était Chassebras, curé de la Madeleine, l'autre, Haudencq, curé de Saint-Séverin. Condamnés et poursuivis par le Châtelet, ils échappèrent à toutes les recherches. Du fond de leur retraite, ils lançaient dans Paris d'énergiques appels à leurs partisans, et à messieurs du Châtelet de véhémentes menaces d'excommunication. Rien de piquant comme le procédé qu'ils employaient pour répandre leurs proclamations. La nuit, leurs affidés parcouraient paisiblement les rues mal éclairées de Paris, portant sur leur dos des placards enduits de colle. Rencontraient-ils les gens du guet, ils se rangeaient avec un respect hypocrite le plus près du mur qu'ils pouvaient, et quand, la patrouille passée, ils continuaient leur chemin, les feuilles séditieuses se trouvaient affichées à la muraille. La démission du cardinal de Retz mit fin à cette fronde des pamphlets.

On a lu ailleurs l'histoire de cette grande lutte au milieu de laquelle éclata tout à coup le génie de Pascal; on sait les malheurs qui suivirent Antoine Arnaud : rayé du nombre des docteurs, et forcé de se réfugier en Belgique avec Nicole; de Sacy jeté à la Bastille, et le lieutenant de police se présentant, une nuit, avec les archers, au monastère de Port-Royal, « pour en arracher les religieuses, dit » Saint-Simon, comme on enlève des » créatures d'un mauvais lieu. »

Les *Solitaires* étaient dispersés, mais leurs regards se tournaient encore avec espérance vers ce monastère de Port-Royal, que vainement l'archevêque de Harlai avait essayé de détruire. Ce couvent était alors dirigé par une tante de Jean Racine. Harlai mort, sœur Racine crut le moment venu de demander à son successeur un directeur à sa convenance, et jeta les yeux sur le curé de Saint-Séverin. Le cardinal de Noailles avait pour Port-Royal une partialité cachée; mais c'était la révéler à tout le monde que d'arrêter son choix sur un curé de cette paroisse. Jean Racine ne put l'obtenir. Si le grand poète se chargea de cette négociation, ce ne fut pas seulement pour faire office de bon neveu; toutes ses amitiés étaient jansénistes, et peut-être aussi ses convictions. Le 29 octobre 1615, il écrivit dans une lettre, qui devait au besoin passer pour un testament : « Je donne une somme de cinq cents livres aux pauvres de Saint-André. » Le 12 novembre de l'année suivante il effaça Saint-André, et écrivit Saint-Séverin. Il est vrai que plus tard encore il remplaça ce dernier nom par celui de Saint-Sulpice. C'étaient là tout simplement les trois paroisses qu'il avait successivement habitées. Mais on remarquera avec quelle pieuse persévérance il demeurait fidèle à ce quartier Saint-Jacques, l'autre Port-Royal du jansénisme.

A Dieu ne plaise que je raconte de nouveau comment une bulle de Clément XI ayant ordonné la suppression du couvent de religieuses, le lieutenant de police fit une fois encore, avec ses archers, le commentaire brutal de la bulle émanée de Rome. Briser quelques portes et abattre quelques restes de murs cela fut chose facile à d'Argenson; mais sa colère fut impuissante à éteindre la foi proscrite, qui bientôt reparut sous une forme nouvelle; et lorsque, pour se conformer à l'esprit du temps, le jansénisme se fit journaliste, savez-vous où se réfugia Jacques Fontaine, le rédacteur des *Nouvelles ecclésiastiques?* dans cette petite rue de la Parcheminerie qui enveloppe toute une moitié de Saint-Séverin. Il semblait qu'un nouvel Énée fût venu déposer dans le sanctuaire le palladium de Port-Royal.

C'est le propre des sectes vaincues de perpétuer leur esprit dans un petit nombre de familles choisies. Trop rares et trop isolées parmi les hommes pour compter sur un avenir qui leur échappe, ces familles vivent dans le passé, qui du moins leur appartient tout entier. Elles en conservent les mœurs et le langage. Tournées sans cesse vers ces jours qui ne reviendront plus, elles contractent dans l'isolement de leur croyance une sorte de résignation mélancolique, et une teinte d'autrefois qui a bien sa grâce et son charme.

Un Français entra un beau matin dans la capitale du roi de Prusse, à la suite d'une armée française. Il reçut l'hospitalité dans l'une de ces familles protestantes que la révocation de l'édit de Nantes obligea de porter leur industrie à l'étranger. Vivant tout-à-fait à part dans la patrie nouvelle qu'elle s'était faite, cette famille avait conservé le costume, les habitudes, les nuances même du langage de l'ancienne patrie. On eût dit une petite France protestante du dix-septième siècle, qui avait traversé tout le dix-huitième sans lui rien prendre de ses nouvelles mœurs et de sa langue nouvelle. Qui fut bien étonné? ce fut elle, lorsqu'elle se retrouva face à face avec cette autre France qui l'avait bannie, ou qui du moins l'avait laissé bannir. Cette France encore catholique au fond, elle la retrouvait incrédule et moqueuse. Cette belle et majestueuse langue de France, que nos fugitifs avaient admirée, même dans les livres où Bossuet leur lançait l'anathème, plus vive maintenant et tout empreinte de couleurs nouvelles, avait pris l'accent des nouvelles passions de leurs compatriotes.

Le militaire, homme d'esprit, et qui, chemin faisant, s'arrêtait volontiers à regarder aux choses originales, se plut au milieu de ces bonnes gens, qui portaient la main à leur bonnet en nommant le ministre Claude, et qui parlaient encore la prose quelque peu traînante de Mélanchton. Ils se prenaient encore parfois de bonne et naïve colère contre l'Histoire des Variations, et, pour peu qu'on les eût poussés, ils auraient chargé leur hôte d'aller dire aux gens de Meaux ce qu'ils pensaient de leur évêque.

Hé bien! ce charme singulier qu'éprouva notre Français de Paris, vous l'éprouverez à votre tour, s'il vous prend fantaisie de visiter certaines maisons de la paroisse Saint-Séverin. Autour de cette église se pressent les derniers débris du jansénisme.

On dit encore aux environs de Saint-Séverin : monsieur Arnaud, monsieur Nicole, monsieur Lemaître.

Ici s'arrête la chronique de Saint-Séverin.

Après en avoir écrit la dernière page, il me vint en pensée de faire un pèlerinage d'adieu à cette église dont la légende avait si doucement occupé mon imagination.

C'était un dimanche, et un de ces rares beaux jours de décembre qui, à l'approche de l'hiver, laissent déjà espérer le printemps. Ce mélancolique sourire de la nature défaillante m'avait plongé dans la rêverie; mais en entrant dans l'église je fus saisi d'une émotion inattendue.

Assailli d'abord par la foule des souvenirs que j'ai essayé de conserver dans ce récit, je m'étais laissé aller insensiblement à personnifier dans la vie obscure d'une modeste église la vie éclatante du christianisme, et voyant l'église si déserte que le bruit de mes pas résonnait seul sur les pierres, je me demandais avec anxiété, si en effet la parole divine avait vieilli, et si à cette parole qui avait civilisé le passé du monde n'appartenait déjà plus la civilisation de l'avenir.

Tristement absorbé dans ces réflexions, je m'étais appuyé contre une colonne. Tout à coup j'entendis de douces et fraîches voix s'élever de l'une des chapelles latérales; il semblait qu'elles vinssent, au nom de toutes les jeunes ames de la terre, réclamer contre ce poids du siècle qui étouffe, dit-on, la parole de Dieu. Je m'approchai : c'étaient de pauvres petits enfans auxquels un vieux prêtre enseignait le catéchisme. A voir ces confiantes et naïves figures de l'enfance, qui n'eût espéré pour l'avenir une nouvelle ère de jeunesse et de foi? Ah! peut-être que dans cette chapelle ignorée, parmi ces enfans simples et pauvres, car ce sont presque toujours les pauvres et les simples qui apportent aux hommes la bonne nouvelle, était déjà celui qui rappellera le siècle au christianisme ; peut-être, ame choisie, étiez-vous là, entendant déjà confusément la voix qui vous appelait, et ne comprenant pas encore pourquoi les gémissemens de la terre remuaient ainsi vos entrailles. Ah! si vous étiez là, hâtez-vous de grandir, car le monde souffre, hâtez-vous de raviver à nos yeux les paroles que le doute obscurcit chaque jour dans le livre éternel des destinées humaines !

FIN.

TABLE.

Pages.

ESSAI SUR L'ÉTUDE DE L'HISTOIRE............ 3
    Appendice à l'essai............................ 79
MÉLANGES HISTORIQUES...................... 133
    I. — La Sorbonne............................ 135
    II. — Port-Royal............................ 199
    III. — La Chronique de Saint-Séverin............ 305

ERRATA.

Page 44, lig. 2. Au lieu de : *philophique*, lisez : *philosophique*.
Page 100, lig. 19. Au lieu de : *ses*, lisez : *ces*.
Page 111, lig. 14. Au lieu de : *XI*, lisez : *IX*.
Page 144, lig. 13. Au lieu de : *gaires*, lisez : *vulgaires*.
Page 238, lig. 6. Au lieu de : *croyais*, lisez : *voyais*.
Page 265, lig. 8. Au lieu de : *ce siècle*, lisez : *le siècle*.

www.ingramcontent.com/pod-product-compliance
Lightning Source LLC
Chambersburg PA
CBHW060605170426
43201CB00009B/906